Fortunately
I'm not a perfect girl

想做自己，得從淚光和失去裡練習

小寒 — 著

幸好我不是
滿分女生

在笑聲中重新思考人生
以幽默詼諧的筆觸，剖析生活中的大小問題
真實的個人經歷和感悟，讓內容充滿了溫暖和共鳴

一場充滿智慧的心靈之旅
曾為陳奕迅、林俊傑、方大同、蔡依林、孫燕姿等
知名歌手作詞

目錄

目錄

送給予希

18 個章節，陪你到 30 歲。

和正處於成長期，

與成熟期的你。

自序

在書店裡看到架子上擺放著好幾本《滿分作文》，心想：這世上有滿分作文存在嗎？有滿分作文，是不是就有滿分故事？有滿分故事，就有滿分人生了嗎？有滿分人生的人，又叫什麼？滿分男生？滿分女生？

滿分？我自從上完小學一年級之後，人生就再也沒有過任何一次的「滿分」。

我僅了解，人生是一場嘉年華，無論擺在你面前有再多眼花撩亂的設施與商品，當我們看見別人玩那項老套又不起眼的「大力士」時，不知為何骨子裡就會冒起一陣癢，慫恿你試一試。

但我們當中有些人，即使再怎麼努力、再怎麼用力地將手裡握著的一根棒槌擊打在靶子上，也得不到滿分。其中一個就是我。

然而，得不到滿分又怎樣？因為怕再次得不到滿分，就不敢投入銀幣，不敢舉起棒槌了嗎？你大可選擇再試一次、和同行的人一起打靶子，或選擇鍛鍊好肌肉後回來再玩。你當然也可以不加入這個遊戲，反正好玩的、好吃的，到處都是。

幸好我不是滿分女生，減一分沒有太多人留意，每加一分就會被視為進步。

幸好我不是滿分女生，為了能每天多一點進步，必須仰首挺胸，從不低頭，老來不會駝背。

幸好我不是滿分女生，或許成功會難一些，少一些，但一路上累積的故事卻多得可以寫成一本成長指南，一本用寒酸角度去提取幸福甜度的阿Q祕笈，一本自我管理的書，一本自我管教的書。

無非想讓你看到，我們實在不必滿分，也能過著滿足的人生。

筆記一

關於美貌：正著正著就歪了

正著正著就歪了

鏡子是誠實的，但看著它時，你對自己的評價也會跟著被「左右」。因此我除了偶爾化化妝、擠擠痘痘時會照鏡子之外，幾乎都不靠近它。但我也不是一輩子都長得不怎麼樣的。

有圖為證，雖然我臉上有胎痣，我生命中的確有一陣子長得還蠻正的。有一位朋友還評論說那時候的我長得像一位叫天心的臺灣影星，令我沾沾自喜了好一陣子。但人是不能逆向生長的，我已經離「天心」越來越遠了。

七歲之前的我，每天紮著兩條長長的辮子，坐在教室椅子上靜靜地寫功課、看書和畫畫。在小男生眼裡，我就是他們心目中的「校花」。不是在臭美，「校花」這兩個字，確實出現在他們遞給我的字條和禮物包裝紙上。

當然他們有所不知的是，我在教室裡寫功課是為了回家能只看電視節目，其他的什麼都不做；看書，是為了看圖片而已；畫畫也只是為了挑戰自己在老師來上課之前，能畫幾隻螃蟹，實在是稱不上文雅。

臉蛋長得正就是有好處。除了有不少貼紙、彈珠、公仔和零食可收，連弄丟一支鉛筆時流個兩行淚都能發動班上的男生趴在地上幫我找，回家時還有男生幫忙扛書包，兼充當保鏢護送我到校門口。

歲月如風，吹襲著每個人，有些不怎麼樣的小孩，越大越正；本來很正的正妹，也有可能正著正著就歪了。時間就愛開這種玩笑。

正如我。如今我的樣貌、身材及高度都偏離「標準美女」的軌道遠多了。但這也不是一件壞事，因為我就是一個活生生的「正妹長歪」的例子，讓大家看到，有些女生年輕的時候國色天香，但誰也難預料到，基因、環境、機率還有自身的紀律，都可能改變她的外表。

你今天班上現在的校花，或許其新陳代謝率在畢業後就會降低，變成一個外觀不可觀的大嬸。而今天還不太起眼的你，或許只是「時辰未到」。那個塌塌的鼻梁脫掉重重的眼鏡後，或許會長高一些；歪歪的門牙會因為臉型加寬而變整齊；內雙的眼皮終於在擁有足夠睡眠後選擇出現。耐心一點。

瓜子臉，國字臉

我的臉型、五官和骨架子都遺傳自我爸，而他算是當代的美男子。如果我是男兒身，應該是一名俊男。一個百分百的女兒身，卻長著一張男生臉，是誰，都無法成為滿分女生。

一個女生稱不稱得上是美人，大家可都是看一眼照片就下定論了。國字臉的女生給人的第一印象就是，臉有點大，五官有點塌，人有點男子氣概。

也不知是哪個具有大男人主義的古代審美學者定下的條例，男人方臉，下顎線條分明就算是有陽剛味，女人必須恰恰相反的瘦臉才行。不然，這同一位審美專家自己就是個瓜子臉的女人，所以會自戀得將自己的臉型列為美女條件之一。

其實阿 Q 一點，瓜子、國字，念起來差不多。

偏偏命運就差這麼多。

如果依據世俗的審美觀來鑑定，國字臉真是什麼髮型都不好看。長髮梳中分，下顎會顯得很寬；綁馬尾大家會驚嘆你的臉怎麼這麼大？！剪短髮更不用說了，大家都會覺得你是個男人婆。中四的時候有人就真的指著我，問我媽：「你這個兒子今年多大了？」

儘管我再怎麼注意飲食，身體再健康，高中時依然有人問我是否患上流行性腮腺炎！

國字臉型也給化妝師帶來不必要的麻煩。我這個客戶的臉面積大，化妝師用的化妝品自然多，還要特意將深褐色的腮紅，搽在靠近下顎附近，好讓我上電視當評審或接受訪問時，臉會稍微看起來小一些，不至於從胖子，變成大胖子。

髮型師也必須費盡心思，盡量將我的頭髮吹得蓬鬆一點（像怨婦），不然就是梳到前面來（像怨鬼）。

所幸有地心引力這回事。人年齡越大，表示在地球越久，接受地心引力的迫害也越多。相信我，地心引力絕不是女人身材的好朋友，曾經身材「挺胸做人」，如今卻落得「低頭思故鄉」的下場。但地心引力對脂肪重新分布的功能也不完全是壞消息，因為我發現，遠離嬰兒階段越久，我臉上的嬰兒肥也跟著重新分布到大腿去了。臉大遮不了，大腿粗？就在服裝上著手吧。反正我也不好意思穿熱褲。

國字臉有讓我煩惱得吃不下飯嗎？當然沒有，否則臉可能早就變小了。

我認識的人當中，有一位去醫院削骨，有些選擇打肉毒桿菌，有的把智齒拔了，有的買儀器天天進行臉部按摩，有的朋友則每晚戴牙套。

我呢？什麼都沒做，除了繼續吃，就只是等著變老，因為我相信相由心生。我天天都表情多多，臉上的肌肉自然也跟著多多鍛鍊，燃燒脂肪。

我終於在不惑之年後，有了尖下巴！

時間是一把免費的刻刀，你不用飛到韓國，它就會隨著你的表情自然為你進行削骨。

但說不定可以當模特兒

究竟是不是美女，自己決定就好。可惜有好多天生麗質的女生都希望靠參加選美比賽，來證實這一點。有資格和其他公認的美女一起站在臺上，一起穿著比基尼，一起像牲畜拍賣會上的牛隻一樣接受評審打分，就表示妳夠漂亮，夠資格。誰若能讓評審舉起手中 10 分的滿分牌，她就是今年世上最美的女人，更或者說，最美的那頭牛。

我不美。說實在的，就算我美得可以當國際選美小姐，也沒有戴皇冠的命。我有奇特的頭型，頭頂是扁的，頭的兩側還突出來，像兩個牛角。想想科學怪人的頭。對了就是那樣，如果連髮帶、耳機都不適合，如何戴皇冠？

原來人圓圓的頭顱形狀是在擠出母親的「生產隧道」的那幾分鐘內就形成了。但我不是自然分娩生下來的寶寶。母親難產，醫生是在發現我心跳將近停止後，替母親進行緊急剖腹生產，才將我生下。

母親為了生我必須進行輸血，從此染上了一種皮膚疾病，兩條腿上長滿難看的疙瘩。我又怎會因綁馬尾不好看而埋怨她難產或自己胎位不正呢？況且，我可為自己感到驕傲了！那年耶誕節前夕，在娘胎裡奄奄一息的自己，要不是生命力很強，也不可能一直撐到主治醫生從醫院慶祝會歸來。

但這並不能阻止自己悄悄地羨慕其他女生圓圓的頭型，翹翹的後腦勺，馬尾可以紮得很高，剪短髮樣子很俏，綁髮髻時脖子顯長，多高雅！而且嘛，方方的頭型就有方方的國字臉，這是不變的事實。

世上只有一種方臉的美女，那就是超級模特兒。我十幾歲時從電影裡看到，只要能把一本書頂在頭上沿著一條直線，來回走幾遍，就可以當模特兒了。我信以為真，反正超級模特兒也不是每一個都是長得沉魚落雁的，我不能變美，但我至少能變高！要是我天天在房間裡跳繩，說不定就能變高、變瘦，然後進入這行列！

可惜地心引力並沒有優待我，身高在抵達 164 公分之後就沒有增加，不能向直發展，多繁殖出來的細胞就只好向橫擴充了。這下子，臉更方了。

不過呢，嘿嘿，這擁有一副不能戴耳機，又當不成模特兒的「方頭方臉」，也不是英雄無用武之地。你看，在奈及利亞、古巴、南美洲、哥倫比亞這些國家的街頭，不就到處可見頭頂著水果沿街兜售的女性小販嗎？頭頂不夠扁，不夠平，那一大籮的鳳梨、香蕉和葡萄如何安穩地頂在頭上？不都摔下來變果汁了？在印度，人的頭頂就如腳踏車前載貨的籃子一樣，能把魚、牛奶、髒衣服、文件甚至磚頭，從一個地方運輸到另一個地方去。我的頭型在那些國家應該算是一種優勢吧。

所以說，一個人在某件事上的缺點，在另外一件事上，很有可能是非常難得的優點。

但當然也不是所有缺點都有可能變成優點。青春痘就是其一。或許和我的急性子有關，我和青春痘的戰爭自 13 歲就開始，30 年後的今天還沒有結束。

但別絕望，因為世上有一種偉大發明，叫做遮瑕膏，還有……美圖軟體。怕什麼？

只是人魚，不是公主

痘疤有遮瑕膏，可惜我還患有僅 0.4% 世界人口擁有的一種皮膚疾病，遺傳自我父親的遺傳性魚鱗病。我姐也有，但我的比較嚴重。

一直到近幾年，我都堅持不穿短褲短裙，因為我為自己的雙腳感到自卑。我的小腿皮膚，滿滿的，都是魚鱗斑。除了有深重的斑紋，斑紋上還不時會貼著正在脫落的鱗屑，樣子很噁心、很難看。

因為我腳上有魚鱗斑，有人稱我為「人魚」。在外人眼裡，我是一個既懶惰又勤勞的女生。懶惰是因為他們認為我的皮膚之所以乾燥，源自於我太懶得塗抹潤膚霜。他們有所不知的是，我不僅天天潤膚，在家中甚至幾乎不開空調，就為了保溼。

勤勞，則是因為大家都以為我在家做很多家務。人們跟我握手時，觸碰到我的皮膚時，第一反應是一陣驚嚇。我的手並不如其他女生的那麼柔嫩光滑，手心粗糙，手背更是乾燥，有深深的紋路，好像在龜裂一樣，跟長期幹粗活的人沒兩樣。我不怎麼介意，只是少女時代裡，我的「粗手粗腳」曾令不少追求者打退堂鼓。

魚鱗斑患者會因角質增厚，堵塞毛囊孔導致出汗不順暢。不容易出汗的人，無法透過流汗燃燒卡路里。注意飲食的我，無論再多積極運動，都不可能減輕太多體重。除此之外，出汗不順暢會間接影響體內水分的分泌，導致水腫，身型天天起變化。

但外表上的問題，過了不惑之年的我，早已釋懷。只是生理上的困擾，我就沒轍了。因為毛囊孔堵塞，汗流不出來的我很容易過熱中暑。新加坡天氣炎熱，我外出時都會很留意水分的攝取。我每天共喝超過五公升的水。可是天氣一熱，我就會過熱病倒，症狀是發燒、嘔吐和頭痛。

但認識我的人都知道我有一大優點，那就是為人樂觀，阿Q。魚鱗病患我呢，因為毛囊孔堵塞的關係，手腳上的毛髮似乎都長不出來，於是無須像其他女生一樣錢包大出血去做什麼除毛療程，省錢、省時、省事。

一件事情往往是立體的，有正、負面。換個角度瞧瞧，就算看不出個什麼意義，也說不定能看出個什麼異議。

不是所有人魚都是公主

安徒生原著中，人魚公主最後並沒有和王子結婚，而是在王子娶了一個平民女子後，隔天就化為泡沫死掉了。

孩子們對門當戶對的王子公主能終成眷屬的渴望，被迪士尼發現了。於是他們竄改了《人魚公主》的結局。就這樣，我們世世代代都以為，並盼望每段愛情能擁有這般童話結局，沒有一點長進。

即使有人稱我為「人魚」，但我早已搞清楚：一、不是所有的人魚都是公主。人魚王國還是有階級制度的，有公主也有婢女。公主是少數，憑機率計算，我們很有可能只是婢女。婢女在童話故事裡是嫁不到王子的；二、人魚死掉了不會變成美麗泡沫，只是一條上身穿著比基尼，下身還沒蒸熟的石斑魚。

不是公主就不會患公主病

所以我不是公主，頂多是個丫鬟。那又怎樣？

有些孩子生來臉蛋就好看，於是他們的爸媽在孩子很小就必須面對一個非常非常艱難的決定 —— 該不該培養他們的孩子做明星？這些孩子多不孝呀，讓爸爸媽媽煩惱！

我就不同了，這麼懂事，呵呵。天生長得不怎麼樣，所以從不用給爸媽這個頭痛的問題。

當然天下間有哪個做父母的，會不寵愛孩子？會不想將自己家小孩當作王子或公主來養？我深信我爸媽也想將我當成掌上明珠。但可惜他們的手心都在忙著討生活，不能時刻都將我捧在手心。我從很小的時候就理解到了，很少為此哭鬧。

每個小女孩都夢想過自己是一位公主，有漂亮的衣裝。可是看著父親為了創業而不能和我們住在一起，年邁的外公要去當油漆工人補貼家用，母親在買菜時精打細算的神情，我知道我們家條件不好，沒什麼能力給我買什麼公主服裝，什麼皇冠、手杖等飾品。

沒錢的孩子才知道金錢的價值。我不再無理取鬧吵著要當公主了。但其實我也不用，因為我擁有世界上最為堂皇，最為獨一無二的一套服裝。那是一件母親親手縫製的粉色小洋裝，剩下的布料就給我姐做了一件裙子。洋裝和裙子上的刺繡是母親請朋友做的。這成了我童年「過年過節」等大日子的「制服」，非常珍貴。

我爸媽不是國王王后，我不是公主，我不會幻想我們是貴族，破舊的一房子更不是城堡。我不會去想像它是，因為它本來就不是。它是我的家。亂，因為我們真切地在裡面生活著；小，大家擠在一塊才更暖和，感覺更親密。

有些小孩習慣了王子、公主的待遇，在得不到自己要的東西時，會哭鬧、會要求、會命令、會要脅。但我們從來都不會，因為習慣了幾乎什麼奢侈的東西都沒有。得不到，也就這樣，反而得到的時候，我們會特別驚喜。

父親從我懂事開始就不斷地灌輸我「男孩子能做的事，女孩子沒理由不能做」的觀念，所以我這一生中一旦有什麼想要的，都不會像個公主一樣，等著別人去取給我、遞給我。父親說：「如果要當公主是為了想要飯來張口，不用勞作，那跟一個廢人有什麼兩樣？想要，就自己爭取。」

有些女孩因為被家人慣壞了，辛苦不得，批評不得，不是一哭二鬧三上吊，就是威脅著辭職，始終一副受害者的形象，這種行為在職場上被人稱為「公主病」。如果習慣了辛苦，就不怕辛苦；如果認清批評是為了自己好，就不會一天到晚疑神疑鬼，認為上司或同事總在千方百計地欺凌自己。虛心向學，做好本分，就會對公主病免疫。

患有公主病的女生談起戀愛，就像在玩撲克牌一樣。有些明明手上握著一副好牌，卻沒有勇氣下注；有些手握爛牌卻還假裝自己是贏家，結果輸個徹底；有些則還不知道自己的牌怎麼樣，牌局就草草結束。

誰不期待自己能分配到至尊、國王和王后？但別忘了，在愛情的牌局中，除了國王、王后及侍從，沒有王子，也沒有公主，頂多就只有小丑。

自愛不自戀

有些青少年要是發現自己一輩子都當不成公主或王子，那唯一的希望，就是變成俊男美女。因為事實證明，好看的人日子確實容易一點，好過一點。

但當「美麗」與林志玲、少女時代的潤娥這種滿分女神劃上等號之後，世上 90% 的我們頂多就只能算勉強及格而已。我們這些有自知之明的凡人當中，有些會自卑，有些會自暴自棄，有些更自愛，但物極必反，當然有些會變得自戀。

如果你發現自己每天都在鏡子前欣賞自己，時刻都在自拍，上傳至社群媒體，以及認為每個男人都在深深地暗戀著你的話，你很有可能已經變成《白雪公主》裡自戀的後母娘娘了，需要看心理醫生。

自愛不是自戀，別混淆了。

自愛是好好照顧健康，多喝水，多運動，讓自己從內臟，美到皮膚；好好地充實自己，多閱讀，多反省，讓自己的智慧從大腦送達至自己的言行裡；好好地分享善行，多關心，多讚美，讓自己有過的辛苦，轉化成別人的幸福；好好地實現理想，多練習，多自信，把別人眼中的不可能變成可能。

即使你是孿生嬰兒的二分之一，和另外一個人擁有將近 100% 相似的 DNA，但因為你的指紋是獨一無二的，因此地球此時此刻就獨有一個版本的你，只要堅持今天的版本比昨天的快樂一點，明天的你比今天的好一些，這就是自愛。

讓你選擇：一、讓時間開你玩笑，未老先衰，老態龍鍾；二、開時間的玩笑，逆向生長，越活越年輕。

時間開的玩笑

連詩雅：唱　小寒：詞　徐繼宗：曲

能解讀我每顆淚水，你體會我的體會。
可知道這感覺有多淒美，感恩之餘遺憾相隨。
怪只怪我口與心違，就算好想愛一回。
也不許真心話逃離我的嘴，才表現得如此迂迴。
因此決定我們是最好朋友，原來這關係更像是一個傷口。
不必牽手，不會分手，為何我卻不想要這自由。
早一些認識你就好，不先經歷低潮，被心痛纏繞。
就不會變得膽小，隱藏心跳，惜了我們緣分程序顛倒。
晚一點認識我也好，決心不再動搖，勇敢去擁抱。
時間開的玩笑，相遇卻愛不到，甜蜜的不巧，只能苦笑。
因為明白事與願違，所以不承認愛誰。
未痊癒的心什麼都無法給，友情是最安全範圍。
若想把你一輩子小心擁有，我也只能滿足於這個假藉口。
沒有牽手，哪來分手，應該慶幸怎麼反而憂愁。
早一些認識你多好，不必經歷低潮，只被愛圍繞。
我不會變得膽小，享受心跳，可惜了我們緣分程序顛倒。
晚一點認識我，多好，到時我不動搖，勇敢去擁抱。
時間開的玩笑，相遇卻愛不到，甜蜜的不巧，只能苦笑。
時間開的玩笑，相遇變成煎熬，那天的街角，直走就好。

筆記二

關於朋友：擠一擠脂肪，圓的也能方

社交圈是一條塑膠圈

沒錯，人類是群體動物。不是因為我們所有人都喜歡跟別人在一起生活，而是因為我們所有人都需要跟別人一起才能生存，這是人類在猿猴時期就傳下來的不變定律。

人類是比老鼠來得高大，不輕易被蛇吞進肚子，但我們不會鑽洞，嗅覺也遲鈍；人類是跑得比蝸牛快，卻沒有牠的硬殼和能讓牠們貼著任何表面的黏答答體液；人類是比小鳥安靜，但我們沒有翅膀，敵人來時飛不起來；我們甚至連蜥蜴都不如，既不能攀爬又沒有隱身於環境中的保護色。所以人類必須發明車子和時速 100 公里的獵豹競賽；發明武器和老虎的獠牙和爪子對抗，發明建築物、鞋子充當保護殼防止毒蛇咬傷。

好吧，就算在野外手無寸鐵，一群人總比一個人好。沒聽說過嗎？打不過猛獸時，至少還有一個跑得比你慢的被那猛獸用來充飢，為你爭取到一個大好的逃生機會。總之呢，一群人的生存機率要比一個人獨居來得高。因此我們都是需要社交的。

雖然，社交圈是一條塑膠圈（橡皮筋），你大可用力擴大，在撐得很痛、很辛苦之後，承受它很可能會斷掉，或反彈回來傷到自己的可能性。但你也可讓它恢復原本的圓周。範圍是小了點，但至少無須一天到晚緊繃著。

社交不是交涉

社交指的是社會上人與人的交際來往，交換訊息、知識、觀念等等，以達到共同目的的一種實體社會活動。慈善晚會、同學聚會、情侶約會這些都算。當然社交在現今社會，也可在虛擬空間，如網路上發生。

我是地表 70 億活著人類的其中之一，理所當然我不適合獨處，也經常需要社交。可是已經過了不惑之年的我，「朋友」兩個字，已不存在我的世界裡。取而代之的是心裡列的一張清單，和我非親屬關係的人但又是我認識的人，都被我分三個等級：「泛泛之交」、「同事」、「家人」。

「泛泛之交」不用多做解釋，是那種見過面、說過話，但不見面也不會互相想念的人。我會盡量記得一些跟他們有關的訊息，以應付下一次見面時的閒聊。

「同事」對我而言定義則跟別人的很不一樣，是一「同」在事業上、夢想上共「事」的人。當中有好一些是我繆思，一聊起來就會沒完沒了，聊完了會精神飽滿，是我創作的維生素。他們這些人，就算許久沒碰面，再見時，時間縫隙的左右兩側也會自行連線起來，好似我們從未曾分離。

「家人」就不用多做解釋了。他們未必和你擁有共同志願，未必像你一樣能幹、美麗，卻永遠默默地在那裡等著你。當你患大頭症時他們依然會為你撐傘；當你為五斗米折腰，折得腰都快斷了的時候，他們會站在你的背後，為你撐腰。你們會為莫大的理由爭吵，但會藉微小的藉口和好。

「泛泛之交」和「同事」絕對有可能更新為「家人」，當然家人也有可能貶你為「泛泛之交」的一天。當那一天來臨時，我們要單方面盡力挽回，但對於對方的決定我不會交涉。因為社交不是交涉，你在對方眼裡是什麼形狀，或許早已被旁人捏造而成。

社交是社交，交涉了就等於勉強了，沒意思了。

失去愛情叫「失戀」，失去友情叫「失 —— 」？

你可能會覺得朋友就是一切。但過了大半輩子的我可以非常鏗鏘有力地告訴你：朋友不是一切，只是這個結論得等你自己捲入無數的得失循環之後，才能得到。

失去愛情有一個有效的名詞代表，叫做「失戀」。

但失去友情沒有，「失望」、「失敗」、「失控」都不足以代表那份心碎的分量。友情比愛情更難斷裂，於是真正斷裂的時候，感覺就像整個世界因為失去支撐點而坍塌了。因為你視好友為你失戀時的救世主，你和家人吵架時的避風港，你無論疲不疲憊都喜歡賴著不走的被窩。你絕不會在每一晚上床睡覺前，仔細地摸摸床褥，懷疑被窩裡會有一根釘子。因為對方看過你最醜的表情，知道你最糗的祕密，卻還依然接納你、愛你。於是你將所有信任，毫無保留地給了這個朋友。

念小學的你會認為你有這樣一個發誓會跟你一起上同一所中學的同班同學；但升上中學後，你會遇到一個你肯定會一起到同一間公司上班的好友；上了高中、大學，你又會遇到了一個無所不談的知己；再大一些，你會有一些喜歡跟你自拍、瞎拼的閨蜜。

如果你擁有這麼一個由始至終都能跟你一起吃苦、享福，吵過無數次卻依然死心塌地堅持的「一輩子」朋友，那恭喜你，你真是幸運。

但我們大多數人在生命的不同階段會有不同的友情出現和消失。這是正常的，唯有在那段時期內好好地珍惜。

擠一擠脂肪，圓的也能方

好多剛加入一個社團的人，如新職員、轉學生，總會形容自己在新環境中感覺「格格不入」。那是因為大家都已習慣裡頭的規矩和潛規則，走路、語調、行事和合群的精準度，就像是一個個立正著的，疊起來的方格子。

城市建築與交通，一般都是以一對對平行線，和 90 度直角規劃的。因此，大多數的城市人為了適應，會變得正正規規的，像個正方形。

每個人都有自己的形狀。正方形的新成員們，事情好辦著呢，只要挨過來就行了，完全不會突兀。然而要是你是圓形的，無論怎麼擺，你都是一個融不進大夥兒的形狀，格子和格子之間沒有太大的縫隙。橫著豎著，圓形怎麼擺都太突出，大夥也很容易一腳就要你「滾開」。

除非，除非我們是一粒圓形的脂肪。咦，我們身體看起來那麼圓潤，不也是由很多脂肪組成的嗎？

脂肪有很高的可塑性，也就是說，如果我們因為工作關係，急需歸屬感，或只是因為念舊，導致你怎麼就都是離不開這群朋友不可，我們大可不必硬生生地插入，而是必須像一坨脂肪一樣的流質，沒有固定形狀，對方要我們怎麼樣我們就能怎麼樣。

累積在臉部的脂肪叫做「雙下巴」；累積在腰間的叫做「備胎」；累積在大腿叫做「蜂窩組織」，沒有一個名字是好聽的。沒有人喜歡脂肪，因此忽視了脂肪的重要性。但正常水準的脂肪對我們人體是重要的，維生素、荷爾蒙等都是靠脂肪運輸、調節和代謝的。再說，人類大腦 60% 是脂肪組織。

在這個環節上，脂肪的可塑性更是重要！我們或許不是身材最苗條，瘦骨嶙峋的可人兒，下巴、腰間和大腿的贅肉軟綿綿地，而且跑步時會跟著節奏晃動。但胖妞的好處是，我們有的是脂肪！而脂肪的好處是「能屈能伸」，我們可以從圓形擠壓成方形，也可趁方格和方格之間有一條縫隙可鑽時，吸一大口氣，把肚子縮回去，然後再細的縫也絕對擠得進去。

然而，我們必須在失去自己的特定形狀之前，考慮一下，這真是你想要嗎？你想當一克拉的鑽石，卡拉 OK 伴唱帶，還是一個臨時演員？卡拉 OK 伴唱帶的主旋律不是你唱的，參與的電影你不是主角。沒說臨時演員不好，它乃一份正當職業，也有發揮演技的空間。只是臨時演員往往沒有自己專屬的鏡頭，功能就只是填補幾位主角推動劇情時空出來的位子和時間。你只能跟著導演指示走臺位，誰需要你時你就得隨傳隨到。沒有你的空間時，你別忘了自個兒閃一邊去，別礙著主角們進行正經事。

熱臉貼冷屁股就別怪只聽到屁

這一些，我全都一清二楚。我當那坨脂肪很多年了。嚴格來說，是從小學五年級就開始了。在那之前，我可是我們鄰里學校的校花。誰知時隔不到一年，我從校花淪落成笑話。

小學五年級因小四年終考試成績好，可以轉到較好的學校。可惜新學校的同班同學早已形成了自己的小黨派，要硬生生地加進去，實在不是易事，尤其當我是如此一個不善辭令，沒有很多自信的害羞女生時。

到新學校的第四天，我終於鼓起勇氣，向一群個子較高、外型高貴的「酷孩子」走去，試圖與她們聊天。我還沒自我介紹完畢，領頭的一個同學就說了：「妳是從成績很差的鄰里學校來的，跟妳一起玩的話我們會被傳染。我們成績不要跟妳一樣爛。」「組長」都說得那麼明白了，還有誰敢抗議？

可是我好孤單！在這麼陌生的環境中我需要一個能夠落腳的點。於是接下來幾天，我還是依然會繞著她們轉。儘管她們每每見到我，都會像趕蒼蠅一樣，「噓噓噓」地叫，然後圍在一起咬耳朵。不，不能說是咬耳朵，因為她們故意將聲量提高，好讓我聽得到她們又再談論我的不是。她們叫我「魯蛇」(Loser)。但其實她們的舌頭，更像一個蛇頭，蠕動的聲音像極了一條毒蛇。

那時我才知道用自己的熱臉去貼別人的冷屁股的下場，就是你只會聽到對方放屁。

我心裡的酸楚，老師和家人都無從了解，委屈憋在心裡豢養出了一頭憤怒的野獸。我說的每一句話都帶刺，表情更是不友善。這麼一來就更沒有人願意和我親近了。所幸校工看我可憐，勸說自己的女兒主動跟我交朋友。我們雖然沒有什麼共同興趣，但因兩人都經歷過被人排擠的遭遇，在一起在樹下折樹枝、扔石頭，心裡少說也有了些慰藉。

到了中學，頭兩年的情況也沒有好到哪裡去。中一、中二的時候同學們都因為念英語學校的我華文比英文來得好，而稱我為「華語直升機」(Chinese Helicopter，意指英語說得不好，但講華語時，就像直升機一樣說個不停的人)，對我敬而遠之。再加上在那個年代，從食堂購買食物是一件很潮的事，而我卻天天從家裡帶飯盒。

有幾個同學都以為我們家裡窮，所以要吃剩飯。為了不讓同學取笑，我要麼挨餓，把飯菜扔掉；要麼就自個兒到跑道旁的觀眾席，一邊大口大口地吞嚥著白色塑膠飯盒裡滿滿的白飯和家常菜，一邊哭。

後來，我理解到母親給我準備的便當裡，裝滿的是看似不華麗，但說什麼也都是花了不少功夫的愛心，就不再允許自己被同學的嘲笑影響。我開始若無其事地在食堂用我的午餐，「酷孩子」們調侃不成，自討沒趣就不再找我麻煩了。

升上中三後，班上幾個在老師眼裡非常「不酷」的孩子見我有些與眾不同，就接納我當朋友，也因此展開了我創作歌曲的生涯，從此找到了自信。

感恩一路上我更有幸認識了不少獨特的人類，他們不問報酬，一生都在為科學研究、環保、音樂、藝術還有人文理念奮鬥，而且時刻都會替我著想，讓我重新認識到，忠心的人才會衷心地把重心放在你身上。

不過說句實話，要不是都被典型的滿分「酷孩子」排斥，我也沒有機會認識這些比典型更「酷」的孩子，慢慢一步一步走向滿分幸福。

友誼，是對你有意，還是對他們有益

青春是一條令我跌跌撞撞出很多被褐色泥土遮掩去瘀青的泥濘路，路上不嫌骯髒而嘗試過拉我一把的是誰，這我最知道了。伸出援手的，很少是「酷孩子」。那是因為他們自己都自身難保，要是真有其中一個心軟伸出手想救人，其他的人都會自動閃開。這些群體寧願犧牲其中一個組員，任他獨個兒摔下去，也不希望所有人跟著遭殃，免得漂亮的衣裳被泥水濺到，高貴氣質隨之被汙染。

這也意味著，自以為滿分的「酷孩子」派系未必都是由友情連結在一起的。他們了解到，就像野生世界裡一樣，跟有權有勢、有高能力的人靠攏，才能大大提高生存機率。就算孩子們生來不知悉這個道理，相信他們的井底蛙父母早已將大人世界裡學到的那一套，世世代代地傳授給這些孩子了 —— 能給你利益才是朋友。

「酷孩子」的派系一般都是由同類組成的。他們要麼是優等生、有錢人家的孩子，不然就是天生麗質的兒童。如果你是功課頂呱呱、什麼集團董事的獨生女，或是什麼明星、模特兒的後代，受這些派系歡迎的程度自然不在話下。「酷孩子」們能為彼此帶來好處。

而我們這些純粹只是因崇拜血統比我們優良的品種，潛意識被更「高級」的他們所吸引的泛泛之輩，對這些什麼都有了的小孩而言，會有什麼利用價值？

問問自己：對方的友誼，究竟因為他對你有意，還是純粹只是因為友誼對他們有益？

那麼你就能夠了解到曾經無所不談的閨蜜，為何如今已變成一個假裝不認識你，比陌生人還要生疏的「前朋友」。你們的決裂並不是因為你做錯了什麼，而是你已經不能為他做什麼了。難說他不會對你說：「抱歉，我不能再和你做朋友了，但請你別介意，這一切都是為了生意。」

因爲你要的，是在融入時突出

就算我說得再直接、刻劃得再不堪，我相信你還是會想要擠進某群人的圈子內。這就是我們的奴性基因在搞鬼。明明自己就比人家優秀得多，卻還故意為了配合別人的低智商，而故意壓低自己的等級。因為在你眼裡，優秀沒有用，受歡迎才是王道。

受歡迎的效應在娛樂圈顯而易見。一個藝人在社群媒體的追隨者越多，就表示他越受歡迎。受歡迎的好處就是代言、商演的價碼會跟著抬高。人越有影響力，越有談判的籌碼。

但在受歡迎之前，你必須要麼長得「符合大多數口味的那種好看」，要麼就是參與了一部「符合大多數口味的那種作品」。你如果想融入消費者群，就必須願意全力配合大夥兒的要求，即使你心裡百般不願意。

一些小眾藝人就沒有這種壓力，因為他們接受了自己就算再優秀再有才華，也會因為不願意為了受歡迎而改變風格，不願為博人氣而妥協，不願意變得通俗，而依然不多人知曉。當然這個選擇的代價就是無人問津，口袋空空。

要是站在前線的藝人都面對「融入人群」的問題，那我們這些普通人更不用說了。我們無資格期望自己的社群媒體有太多的追隨者，然而我們能期待被自己選擇的群體接受，渴望能在這個群體中得到前所未有的歸屬感。尤其當我們還是一個沒有太多自信心的少年時。

和作品大眾化的藝人一樣，為了能融入，你會不介意充當填補空間和時間的那坨脂肪。

可是被接納了，融入久了之後，我們就會開始希望自己不要就只是其中一個不起眼的成員，而是派系裡最突出、最受歡迎的那個人。

我們與生俱來的不安分基因主使著我們策劃如何從方形轉化成自己想要的形狀，沒留意到其他的成員或許也有相似的想法。

男生要將同僚降服的方式一般比較單刀直入，和野獸一樣，用拳頭較勁即可。有趣的是，人類的雌性族群卻不像野生世界裡的一樣寬容，她們會深謀遠慮、勾心鬥角。據我所知，這種舉動在女校和女生群中較常見，因為女生們比較懂得耍心計，殺人不得見血，不得留下罪證。她們必須維持美好形象，會在表面上接納你之後，才開始令你覺得不受歡迎。她們經常使用的伎倆有：

一、在你背後策劃出遊，然後故意被你發現；

二、分享食物或訊息時故意不算你一份；

三、假裝沒聽見你的發言，把你當透明；

四、對你說的每一句話都插上：「無聊！」、「那又怎樣？」等風涼話

五、反覆提醒你，她們有多高級，當初會接納你要算你幸運。要不是因為她們大發慈悲，姑且收養一隻沒人愛的「寵物」，你就只能「靠邊站」。

當然這是我親身經歷，千奇百怪的藉口還多得是。可悲的是，網上居然有教導你如何在校園裡形成派系，以及如何優雅地對「圈外人」進行排斥行動的祕笈

真正的融入就是你凸我凹

好不容易才從圓形變成方形，結果卻在找到自信後決定回覆原形，就表示人的本質是很難改變的。因此曾經格格不入的我，如今即使已知道如何當一坨脂肪，完全地融入社交圈內，我不想也不勉強自己，改變我的形狀，甚至失去我的形狀。

如果我的形狀獨特，有太多稜角，那我願意承認自己從不是滿分的女生，也不想成為滿分的人。每個人性格都有凹凸，若能找到另外一個性格

形狀和自己的吻合的人，兩人必定能成為好朋友。因為成功的人際關係並不是由相似的人組成的，而是像拼圖一樣有突出、有缺口，加在一起就能夠互補，沒有可乘之隙。

話說開來，愛你的朋友會在苦口婆心地勸告你要改掉壞毛病的同時，欣然因為愛著你的一個突出優點，也包容你那一堆性格凹陷裡數也數不完的缺點。但有些你愛，卻不愛你的人，就算你擁有一堆數也數不完的突出優點，也可能因為你性格上有一個缺口而討厭你。

誰恨你？為什麼恨你？誰知道？你再怎麼愛他，都不能控制對方說什麼，做什麼。倒不如做回自己，至少世上會少一個恨你的人 —— 你自己。

友情與有情

慶幸這世上還有人把我當朋友對待，雖然我非常肯定，對他們而言我絕對不是一個滿分朋友，因為別說「滿分」，他們有時甚至會懷疑我是否還是他們的「朋友」。

我很少在社群網站上按「讚」或留言。好友貼上愉快的同事聚會、自拍照，或者晚餐長個什麼樣子的照片時，說實話，我很快就刷掉，不去多加理會。但要是誰照片中顯示自己受傷，或在字裡行間透露出委屈、氣餒和絕望，我會在第一時間裡，寄私訊或傳簡訊給對方，慰問一下，或自願提供援助。

發現社群網站上的我是如此，私底下我的社交生活也一樣。

因為一隻腳踏進娛樂圈的關係，我經常受邀到不同品牌開幕典禮、雜誌週年晚會或某歌手生日派對。然而，我都一一推辭了。我從來都不出席，除了因為我對打扮這回事不感興趣以外，也因為我性格內向，應酬對我來說是很磨人的一件累事。我常常在應酬完畢後，感覺像跑完馬拉松一樣精疲力盡。

我幾乎沒時間和自己的朋友碰面，更別說是出席那些需要我盛裝打扮的場合。不懂得搞笑、耍寶，我承認自己生來就不是一個派對靈魂人物。像個影子、話不多的我更像一個觀察者。大家相見甚歡、玩鬧嬉笑之餘，沒有人會發現我的存在，或者不存在。

但當朋友有難，或者心情不好時，我就算再忙，也會抽空趕過去陪他。就算我不懂得搞笑或耍寶，無法令對方心情頓然好轉，但是身為觀察者的我因為比較擅長察言觀色，能在適當的時候做出令對方感到舒服的舉動。更多時候，我都會安靜不說話，聽對方訴苦，直到他自己慢慢想通。這或許就是年輕一代所謂的 BFF（Best Friend Forever）吧。

我不懂得在你世界充滿著鋪天蓋地的陽光時，去爭著分享一份熱鬧和喜悅。但我答應你，當你的世界開始下起傾盆大雨，而所有人都各自忙著躲雨的時刻，我會過來替你撐傘，甚至陪你淋雨。對我而言，保持真我、「有情」有義才應該是「友情」的定義。

BFF

王心凌：唱　小寒：詞　梁永泰／余竑龍／陳芳語：曲

和姐妹淘約會，最 OK。

你說主題和造型由我搭配 BabyGirl 我奉陪。

復古或睡衣派對哪個襯托你的品味。

快跟我自拍記錄此刻你我多完美。

有你我不怕夢想搆不著，鞋跟高我也不動搖 oh。

有時候情人被你依靠越久就越不可靠。

但閨蜜爭吵多久手就握多牢。

這種親密的愛不能比較。

你越對情人需要，你越不重要。

我會雙手插腰，但也為你撐腰。

成長到成熟有多美好，多美好。

你想和誰約會，都 OK。

只要你感覺對他和你登對，我會笑著失陪。

雖然我會經常質疑你對男人的品味。

但憑我戀愛記錄，我也不見得完美。

有你我不怕夜裡睡不著，沒睡著是太多話聊。

維持形象你愛對我警告，偏又開玩笑逗我笑。

筆記三

關於學業：學業，學習應付事業

從 F9 到博士

我在小學和中學時除了社交方面不太順利以外，成績還算是不錯的。

來到高中，我的學習生涯則可以以「掙扎」兩個字來代表。

中學時期念的縱使是一所不錯的學府，但當時的它還不是特選學校，教師們也都一視同仁，不特意以培養「高材生」為本，去故意挑起學生的功利心。因此在中學時，念書對我而言還算是一件稱心如意的事。

當時對未來毫無頭緒的我，因為不知日後要從事什麼職業，對於中四會考並沒有下太多功夫。所幸，還是不幸，我中四考試成績勉強能讓我擠進當年全國最好的高中之一，而且還被允許進入全理科系。

我從不曾和「高材生」這三個字沾上一點兒邊，你可以想像來到一個每一班都是滿分學生的高中時，我的日子有多難受。

同班同學們不僅吸收能力強，還懂得舉一反三，因此在老師細心講課時，他們都難免顯得很不耐煩，有些故意和老師唱反調，有些索性趴在桌上睡覺。為了防止這些高材生玩鬧，老師唯有越教越快。

對於我這種需要仔細聽課，老師解釋幾遍才能完全理解課本內容的學生，對上過的每一節課都一知半解。

所幸我非常用功。下課哪裡都不去，躲在讀書室裡一遍一遍地溫習、咀嚼，然後再將生物、化學和物理課程內容整齊地抄成自己的講義，然後趕緊練習數學題目。

我每天凌晨 5 點 45 分搭乘第一趟巴士到東北部的一個地鐵站轉搭地鐵到西部的校舍，一直到晚上 10 點讀書室關閉為止。我除了溫書，偶爾寫寫詩，什麼都不做，哪兒都不去。

可是我測驗、考試還是科科不及格。

若說是我課文理解錯誤，為何好玩的同學因曠課，臨時跟我借筆記來讀時，科科都考 A ？同一份筆記，兩種不同結果。用功的學生不及格，曠課的卻全班第一？教我如何不氣餒？

高中第二年時，班導提議我放棄物理，專心在其他三個科目上。我過後才了解，物理的重要性。高中成績單中要是沒有物理，我將來就不許念醫科、牙科、藥劑、工程、電腦等學系。

我後悔沒有好好策劃自己的將來，搞到最後只剩國大理科系可以念。可是我要是不放棄，恐怕連高中都畢不了業，只好忍痛放棄了物理。

原以為放棄了物理，其他成績會好轉。可惜沒有。

不巧的是，高二那年的三月分，我的外婆不幸在醫院心臟病去世，親愛的外公在一個月多後中風，躺在安寧病房幾個星期後也與世長辭。我再怎麼想發憤圖強，都振作不起來。

我依然凌晨 5 點 45 分出門，只是再也沒有外公在車站的陪伴。我依然半夜才到家，只是少了外婆半睡半醒的嘮叨聲。母親更因她的雙親去世，憔悴不已，無法為我提供正能量。不善辭令的我，不跟誰訴苦，一個人掙扎著。

我的年中考試成績依然嚴重不及格。生物：F9。

可惜班導並不了解我經歷的種種，沒有考慮到我成績不理想的原因，就隨意歸咎於我參加的課外活動 —— 中文學會，還有當時在追求我的男生。

她並不知道，在中文學會裡，我扮演的角色非常小，參與的活動也非常少，我的重心依然放在課業上。至於那個男生，只能說，他為我悲慘的高中生涯注入一些鮮豔的色彩，也讓自卑的我，短暫地看到了自己的美麗。

班導也是我的生物老師，不希望她教過的班級出現留級的學生，而我看似正在往那個方向駛去。於是她對我們幾個成績不好的學生採取了一個苛刻，而且非常殘忍的手段。她要我們當著全班，輪流回答考卷上的問題。只要答案不正確，就必須罰站。我想必成了她教學生涯裡唯一站得最多，站得「最高」的學生。即使罰站的時間並不長，但對於一個 18 歲的女生，這種羞辱是一種磨滅不掉的恥辱。

所幸，我從來就不是滿分女生，從小就接受自己條件差，有很多方面不如人，因此骨子裡多了一份韌性和彈性：別人瞧不起我，我就偏偏要你在將來仰首看我。

我依然用功，只是我開始檢討自己回答考卷上的問題的方式，並拿滿分同學的考卷做比較。在學長的幫助下，我領悟自己一直以來都喜歡寫流水帳，寫到最後自己都迷失了。相反的，我那些懶惰卻又總得滿分的同學，考卷總是空空如也幾個關鍵字。原來再長的解釋都沒有功效，「要點」才是「重點」。

可是發現自己缺點時，已經很接近學校的預考，無法及時糾正太多。生物卷子發下來時，班導在念完所有考滿分的學生之後，突然叫了一聲我的名字。我興高采烈地衝上前，以為能考個 C 還是什麼的。誰知，上面還是個不及格的 D7。忍了許久的委屈，終於決堤成淚河。

令我始料不及的是，班導拉開嗓門向全班宣布，我考了 D7。

又要趁機羞辱我了。這也未免太卑鄙了吧。我到底哪裡得罪妳了？！我邊悄悄擦拭眼淚邊想。

矮小的她從桌子的另一邊辛苦地把手伸長，把考卷遞給我，說：「妳的生物成績終於有進步了，而且單看妳的答案，應該可以在高中會考裡拿個 B。」

原來她是在激勵我。

只是我當下並不這麼覺得，我認為她是故意將我的成績公諸於世的。我決定一定要給她好看。我就是這種性格，只要決心點燃了，就什麼都澆不熄。於是我從凌晨 5 點 45 分出門，待在學校讀書讀到半夜回家，吃一碗媽媽煮的板麵後，就繼續練習回答試題，一直到眼睛真的睜不開才趴在桌上睡一會。睡醒了，精神抖擻後就繼續做考卷。

母親心疼我每一晚都在客廳讀書，便拉了一條床褥，鋪在桌子下睡覺，就當是陪我。另外，她還會悄悄地在桌上放一些我愛吃的零食，就當是獎勵。

1991 年年底，高中會考成績放榜，我的生物考了一個 A。

但我已經不氣班導了。高中會考這件事讓我領悟到，我是熱愛生物的。

1995 年，我微生物榮譽學位畢業。

2002 年，我病毒學博士學位畢業。

我在論文中感謝了一個女人，並稱她為改變我一生的人。不，不是我那勞苦功高的母親，而是那位有意用激將法，或者無意間鞭策我的班導。

要不是她，我不會知道成功真的就是命中「要點」這麼簡單；

要不是她，我不會知道自己的能耐；

要不是她，我不會從事科學研究；

要不是她，我不會在離開科學研究後，決定用正面的方式去鼓勵需要鼓勵的人們。

你願意爲什麼吃苦？

因為年代變了，羞辱、懲罰和激將法的方式在現代的學生身上已經不管用了。況且也不是每個人都像我生得一副吃得起苦的硬骨頭，「明知山有虎，偏向虎山行」，只因我死心眼地認為「不入虎穴，焉得虎子」。

高中的我願意為爭一口氣而吃苦；做科學研究的我願意為了找出拖緩肺癌細胞蔓延的療程而吃苦；做媽媽的我願意為了女兒快樂成長吃苦；填詞的我願意為了下一首能打動人心的歌詞吃苦。你呢？

「吃苦」這兩個字已經退流行了。對於聰明、實際的 90 後年輕人，還有還在念書的學生來說，「吃苦」似乎是一件不可思議的事情。「甜頭」的誘惑，比起「苦盡甘來」更加有說服力。現代家庭的經濟條件基本上都算過得去，也犯不著養兒防老，不缺這孩子將來賺錢養家。小屁孩因此多了許多的自由，所以在大人眼裡會顯得特別囂張。

但其實年輕人並不是不願意吃苦，而是都在實踐流傳著的一句話：「你願意為什麼（人）受苦？」原來這些小屁孩雖然不比我們這一代老人家性格堅韌，卻也不無智慧。

來說夢想。小屁孩會問：「你願意為怎樣的一種夢想吃苦？」一名有天分的吉他手，酷愛音樂，更愛聚光燈，他會先放眼未來，衡量成果與付出。如果成果是他要的，而他願意苦練吉他，承受皮肉之苦，苦等也都不算什麼。相反的，如果他不願意，他就會死了這條心，往別的方面發展。對 70 後而言，這行為像半途而廢，吃不起苦，但其實 90 後只是不願意白受罪，非得要，就必須是個絕對值得吃的苦。

再說學業。小屁孩會問：「你願意為怎樣的未來吃苦？」一名有畫畫天分的孩子，願意不眠不休地完成一副精緻的油畫，卻不願用同樣分量的精力去練習數學題。兩者他都將必須承受比一般經歷都難受的苦。但他的選擇已經明顯地展現出，哪一樣值得他受煎熬了。

設想一個 70 後和一個小屁孩同在一棵果樹下。兩人都飢餓，也口渴。但不用猜也知道，第一個先爬樹的，往往是 70 後。70 後甚至還會努力多採幾個果子收著，以免待會兒餓著。

小屁孩則會先考慮附近有沒有梯子。要付出努力也必須用最少的勞力才對。如果沒有梯子，小屁孩就會開始挑剔這果子是否合自己的胃口，或者自己是否餓得必須爬樹。不爬樹，就表示不夠渴望，何苦浪費力氣。當然最大的可能性就是等剛才辛苦摘果子的 70 後分食物給自己吃。

儘管我再不贊同，個人不得不同意，小屁孩們都非常聰明。

他們才不像我們這些 70 後，將「吃得苦中苦，方為人上人」設為奮鬥的指標。這種想法，其實非常原始。死背這句話，並不能保證我們會絕對找到幸福。野生世界裡，味道非常苦的果實很有可能都是有毒，或者嚥不下口的。盲目地吃苦，到最後別說是人上人，可能連人都當不成了。很多時候我們明知走了許多冤枉路，卻還嘴硬說這是人格建設。什麼人格建設？人格「苦澀」還差不多。

小屁孩數理成績不好，有可能是因為他認為學校教的科目他不感興趣，不值得他費心思、下功夫。當然成績不好也可能是因為他真的應付不來。老師、家長都必須儘早認清這點，不要讓孩子繼續沉淪下去。

家長們也必須承認，希望自己的孩子能數學和科學都考滿分，並不一定就是想讓他們長大後能當個醫生還是科學家，而是因為這兩個科目是最容易得滿分的，能把總分拉高，把孩子在班上的排名推上去。反正語文還有人文科學你再怎麼強，也都不可能考滿分。

「滿分」，這個教師提倡、家長祈禱、小孩努力、工作人士追求的名詞，有人說這是理想，有人說是虛榮，有人說是折磨，有些則當成踏板。

在學業方面，數學和科學若能考滿分，即使語文不理想，孩子也能名列前茅。相反的，孩子語文能力強，但數理得不到滿分，在班上的排名就低了。排名低，能獲得的校方的資源也相對減少。

我們家女兒就是這種學生。除了英文 90 分以上，她科科八十幾分。但我知道她熱愛閱讀，擅長寫作。於是我們一有時間不是給她練習數學或科學考卷，而是往圖書館跑，不然就待在家讓她專心地寫小故事。許多家長對我們的做法都感到驚訝，說小六會考迫在眉睫，我們怎麼還能這麼放鬆？更何況這位小妞的數理很明顯地有待加強。

那是因為我們做家長的，主張趁早協助孩子將擅長培養成專長，比其他人先起步，是個優勢。但這似乎是大部分家長都無法認同的做法。有些家長會認為太早斷了後路，會完全忽略孩子左腦的發展，將來要是混不到一口飯吃，我們這對家長可別後悔莫及。

然而，世上沒有完全的左或右腦使用者這一回事，也請同學們不要再用這來當盾牌或藉口了。你不擅長數學，不是因為你左腦生來就不發達，而是因為你熱愛語文，不斷地看書和寫作，因此右腦後期發展得比較快。許多從事藝術工作如音樂、畫畫和寫作的人，白天可是醫生、牙醫，科學家喔。達文西就是左右腦都能靈活運用的最佳例子。

老師是否有得滿分？

女兒經常氣餒地說，所有學生和老師都希望能透過三個數字：1–0–0，來鑑定自己有在念書的過程中下足過功夫。

我先宣告，我們不曾因為女兒成績不如其他同學優秀，而苦苦相逼。我們甚至在小六會考前都不給女兒請家教。這決定並非因為我們吝嗇，不想為已經高達 10 億新幣的補習工業貢獻自己的銀兩，而是希望女兒憑真本事考進自己心儀的中學。

寫這本書的時候，我當人家的媽媽才 12 年，但其中七年是在「怕輸家長」行列中度過。我必須說，自己已經很努力地抗拒因孩子成績不夠理想，而產生的恐慌症。但有時真的太難了。我發現自己的情緒很容易被孩子的成績，還有其他家長的評語所牽動。

於是我每天下午的時段，放下手邊的工作，充當女兒的顧問，隨時準備回答她在英文、華文、數學和科學上的種種難題。

小學而已嘛，有什麼難？我心想。誰知，我被小學四年級的數學題難倒了。於是我「差遣」數學能力比我強的孩子她爸來幫她解決數學上的困難，還挖苦他只教一個科目，我三個。

突然我們猛然發現，如果我們一個醫生、一個生物博士都無法回答女兒所有四科作業裡的問題，我們要如何去期盼孩子在所有的科目當中都考滿分呢？

說不定，老師也不能！

每個人總有自己的長處與缺點，沒有人十全十美，更別說是樣樣滿分。

大人都不能科科滿分，小孩又怎麼行呢？

華人華語

但我絕對相信，多數本地學生覺得考試最難的科目，莫過於華文。

我就聽過一位中二生對我說：「華文字型筆劃多、讀音多、成語多、典故多……囉哩叭嗦。」

「不是說不喜歡華文嗎？怎麼這麼會押韻？」我笑著問他。

「因為我喜歡聽周杰倫的歌，也喜歡看《葉問》。我不討厭華文，只是討厭我的父母整天給我找補習老師，然後補習老師給我很多功課！」

事實證明，用強勢的手法強迫孩子讀書，是謀殺興趣的最好方式。另一個方式就是家長自己本身以高姿態宣布自己華文爛。華文爛，那為什麼晚上跟同事在卡拉 OK 唱《小幸運》、A-Lin 和梁靜茹的歌曲時，一點問題都沒有？更何況，螢幕上打的可是繁體字？

不是因為我靠華文寫作吃飯，所以就告訴你華文多好，華語多美。每一個語言都美，因為它包含了一整個種族的文化和歷史，還有許多故事和典故。我們生來就是華人，血液裡還流著的華人基因。這是個改變不了的事實。語文、語言就是拿來和別人溝通的，尤其是與自己種族裡，不會說英語的人。在這裡，沒有人要求你念華文博士學位，但至少不要在沒有給它一個機會的情況下，就果斷地決定華文華語是低賤、低俗的。

問我，華文難嗎？是不容易。

有些字的字形太像，有些字則多音多義。我不敢說我的華文頂呱呱，因為也有不少時候，我依然必須查字典，才能更理解某些詞彙的意思。英語學校出生的我從 17 歲之後就沒有上過一天的華文課。要不是經常使用，我大概也會將大部分的華文知識都忘得一乾二淨。

我深知要維持華文程度，還有對華文的熱忱，是一件非常考驗毅力的事情。「對自己的小孩一定要使用興趣教學！」我反覆地提醒自己。

然而慚愧的是，我雖然是一個華文文字工作者，但我們女兒四到六歲之間，說起華語來，會有一股外國人的腔調。華文字也沒幾個會寫。

只因我不夠堅強，受不了一個人在家帶孩子，便在她兩歲還不到之前，就決定回實驗室工作，把照顧她的責任，就交給托兒所老師了。我並不怪托兒所裡的老師，因為所裡也有其他種族的孩子，大家大部分的時間都會使用英語，孩子們接觸華語的機會並不多。

身在國外的公婆總感嘆孫女不能跟他們以華語交談，一副很失望的樣子。我於心不忍，決定負起教導女兒華文華語的重任。

這時，身旁好心的親朋戚友都來幫忙了。有些建議我們讓她背唐詩，有些提議我們送她上學前華文補習班，有些則教我們強迫孩子每天要習字 100 遍。他們的推薦，來自於他們的親身體驗。可是他們的體驗不屬於我們。我必須找出能令女兒在不排斥這個古老語言的前提下，快樂地學好華文華語的方式。

我使用了我自己的方式，一個令長輩們極力反對的方式 —— 流行文化。長輩們說：「流行文化會教壞妳的孩子的。」

「流行文化的華文不好的。」

我點頭說我並不完全反對，畢竟近期的一些流行歌曲的歌詞真是白痴到令人傻眼。

那我讓她唱我寫的流行音樂歌詞，讓她看我親自篩選的卡通和漫畫如《哆啦 A 夢》，總行了吧？

那年我們公司製作了一部電影《881》的原聲帶，裡頭的中文歌歌詞，如《一人一半》，成了我們女兒每天都在哼唱的童謠。因為電影也參入福建臺詞還有歌詞，未滿四歲的女兒順便也學了福建話。除此，我作詞的《紙飛機》也是她最愛的華語歌之一。

在寫字方面，我使用了象形文字、說故事，還時不時會將用身體演出來的方式來教她字形，譬如我把兩條腿一前一後地張開。這是「人」字；再把手伸直，打橫，這是「大」字。女兒被我逗得哈哈大笑，覺得上我的華文課很有趣，自然就會覺得華文也很有趣。

八年後的今天，我們女兒華文雖然考試成績不是全班最好的，但這麼多年了，她對華文的熱忱都未減少過。她總是那個上華文課舉手問問題或搶答問題的孩子。有時，留校作業做不完時，她會自動向老師要求帶回家繼續。換成其他孩子，能少做一些更好。

女兒願意讀也願意寫，在小學五年級年頭花了三個月的時間寫完長達 4 萬個字的華文書《香香與木屋仙子》。但令我驕傲的，並不是她出書。因為這個年代，出書的人很多。

我自豪的是，當時才 10 歲的她，居然願意犧牲玩樂時間，來完成如此艱巨的華文文字創作的工作。我目睹了她的毅力，她如何願意為了自己熱愛的事情而吃苦。我知道即使她只是一個 80 分小孩，她已經擁有了應對成人世界的其中一項技能 —— 恆心。

永不滿意的滿分學生

做滿分學生真的這麼好嗎？永遠在外表上表現自我感覺良好，在心裡卻對自己怎麼都不滿意。

做滿分學生真的這麼好嗎？世上沒有比 100 分更高的分數了。所以滿分學生必須天天撐著，維持在 100 分，精神永遠都這麼緊繃。凡事都必須保持在十全十美的，高高在上的狀態，不許有任何閃失，多辛苦呀。況且你的 100 分，對外人來說，是一種理所當然的事。

但人嘛，總難免會有疏失，100 分小孩一不小心拿了個 99 分，少了僅僅 1 分，全世界的人就會說：「吼，你退步了！」好像得 99 分是一個罪過一樣。當滿分女生多辛苦呀！

相反的，從未拿過滿分的小孩可以一直輕輕鬆鬆地學習，每考多一分就被視為「加分」，就算依然沒得滿分，說什麼都算是一種進步，值得嘉許，獲得掌聲，爸爸媽媽還會摸摸你的頭，給你買禮物。

到最終，那個考 80 分的不滿分小孩，肯定還比滿分的還快樂。

我就常告訴我們家女兒：「即使有一天，妳在生命的某個科目中，獲得了 99 分，不要因為少了區區那麼一分，害妳沒拿到滿分，而感到可惜。妳應該珍惜自己憑努力換取了兩個長得這麼好看的數字。」

在被扭曲成家長炫耀的工具以及學童的人生最重要的目標之前，考試分數的本意不過是為了測試學生對課文有多了解，還有在時限的壓力下回答問題的能力而已。但說實話，這些你在乎得死去活來的數字，在你長大後，踏入社會後，就不存在任何意義。你人生成不成功根本就是看你日後的學習心態、對人的儀態、處事形態，還有人生的姿態。

家長們、老師們，同學們，也請你們今天來「考試」——「考慮試試」，換個角度想一想最成功的教育究竟是什麼？是教出一個個年考滿分，但在工作職位上，功利心和得失心很重的，眼神黯淡的孩子？還是一個成績平平，卻在社會上發光發熱，享受存在感的善良孩子？

盆栽

兒童本應像一棵小樹，晒著陽光迎著風，拚命地吸收養分，自由地、肆意地伸展枝椏。隨四季轉變，小樹會往自己嚮往的天空越長越高。樹幹有了高度和韌度之後，大樹就能享受開花結果的過程，也形成樹蔭，供人乘涼。

但是城市裡，鋼骨水泥之間很難長出大樹，也沒有足夠的空間長出大樹。於是斗室裡的人們開始種起盆栽。反正縮小一點也是樹，不如種植盆栽自我安慰一下。

要盆栽能長成我們要的樹形，樹冠得要從第一年生苗就開始控制。正如本地的不少兒童在一歲左右時就開始接觸教育中心聲稱「刺激大腦，帶出潛能」的課程，家長希望能將孩子塑造成心目中的模樣。盆栽主人必須先為植株選一個適合的陶瓷花盆，再採用鐵線盤繞拉枝的方式，抑制長勢，促使發枝一樣。本地兒童不也一樣？

另一種控制盆栽形狀的方式，就是當枝莖長到理想高度時，馬上摘心，以便抑制植株隨意和盲目地伸展、生長，同時促使更多新芽的萌發。除了摘心和拉枝，盆栽還需要經過扭梢、刻傷和環剝才能成形。正如這裡的家長，總覺得有插手的重要，要不然孩子的未來會走偏。

盆栽主人深知利用競爭促進枝椏的成長的速度，本地家長也懂。盆栽必須在長枝、競爭枝之間進行扭梢。家長注入競爭的元素，孩子自小就養成怕輸心理。以競爭力為動力，又是否一件好事？

除此，盆栽和大樹不一樣，不許隨便使用大自然賦予的肥料，而是需要主人購買特質的材料施肥。本地兒童也一樣，想要擁有聰慧、不凡的大腦，就不許三餐粗茶淡飯，不許普通牛奶，而是大魚大肉，外加各種脂肪酸、維他命的奶粉和補充品。

兒童本應像一棵小樹快樂成長，卻因亞洲狹隘的生活和街道，無法長成。反之，本地兒童比較像盆栽，完美姿態，會不會是只為讓父母拿來自我欣賞、向人炫耀？

應付成人世界的技能

不過同學們，我不贊成一味追求滿分的教育制度，可不是在為你們找藉口，支持你們不念書。

不要埋怨父母強迫你念書，因為能讓孩子在校園裡受多久的教育就受多久的教育，是每個有責任感的父母的心願。校園是父母在忙著為下一餐奮鬥時，能寄放孩子的最安全場所。這場所裡，有能教育自己孩子的老師，還有每天都能和自己孩子一起玩耍、一起念書的同學。

學校是一個能讓兒童預見成人世界的迷你社會，讓他們在受保護，還有每年擁有 12 個星期年假的情況下，為將來踏入成人世界這件事排練。

一整年上的課，不只是為了應付年中和年終考試。小學、中學和高中所學的知識在成人的世界裡，是微不足道的。成年的讀者都會贊成，文憑能幫你在應徵工作時，跨過較高的門檻。但入門之後，要怎麼存活，是課本上沒有教你的知識。你有的，就只有技能。

一、歸屬感、責任與榮耀感

小學、中學和高中生，就連國際學校的學生，都必須穿制服上學。

沒錯，這跟考試成績一點關係也沒有，但這依然非常重要。因為人類要在一起合作，就必須學習融入一個社團。要融入社團，就必須找到共同點。讓幾百個學生身上穿著同一款式的服裝，在同樣的時間站在一起唱國歌和校歌，是一個好的開始。

除了歸屬感，責任感也是成功教育的一部分。我們在制服胸前口袋別著印上自己的名字的牌子，除了幹壞事時方便被老師點名，被學長記名之外，也方便同學們第一時間認識你。戴上牌子，你就無法再匿名，必須對自己言行舉止負責任。責任心也是在準時交功課，完成小組作業時培養的。

二、尊重系統、尊重長輩、尊重彼此

如果沒有法律、沒有系統指導人民，大家都可為所欲為的話，那社會秩序必定大亂，世界也肯定早已滅亡。

現代夫妻生育率大大下降，孩子少，家長和老人家都寵愛有加。因此有不少兒童都成了「小皇帝」，要風得風，要雨得雨，不把任何人放在眼裡。如果繼續待在家裡，長大後恐怕無法遵守任何的社會制度。

所以我們都在孩子六歲時就讓他們上幼稚園，學習排隊，學習飯前洗手、飯後漱口、一起學習、一起玩耍、一起做作業，以培養好的習慣與社交互動。

孩子們每天固定的時間上學、休息和下課，跟著時間表的科目學習；每天依據老師的指示上下課；老師講課時不得從事其他活動；每年都有小測驗和大考試⋯⋯這就是學校的系統。孩子若不學會尊重學校的系統，踏入社會後，如何會尊重公司、老闆和客戶？

在表演藝術行列中，盛行一句話：「沒有人會在乎你多有才華，而是你有沒有準時，有沒有準備？」

三、社交

哈佛醫學院一項為期 75 年的調查顯示，長壽的祕訣，就是擁有快樂的人際關係這麼簡單。

可是我們放眼成人世界裡，有好多不快樂的人們。而不快樂的人們當中，有許多是受過高等教育，在學校裡考滿分的人。我們無法得知他們獨處的原因究竟來自何處。但我所認識的許多寂寞的成功人士，小時候都太重視學業，在忙著在考試中得滿分，卻忘了學習其他的技能，如如何交際、如何化解糾紛等。

這些人，因為命運早已賦予他們管用的頭腦，在生活中擁有一把高板凳，難免會產生理所當然感，認為什麼都是他們努力念書、考滿分得來的，是他們應得的，因此他們缺乏同理心，對周遭的人事物都不夠敏感，會被人誤解成扒高踩低的小人，只會奉承上司，瞧不起下屬，在同事之間非常不受歡迎。

其實工作滿分的員工很有可能不理解自己究竟為何這麼討人厭。他扒高踩低的舉動是功能性的，跟他的性格本質沒有關係。他只知必須讓老闆看到自己的成績有多了得、自己有多能幹，與在課堂上努力表現給老師看，是一樣的。

念書時，他已被師長洗腦，堅信自己的責任就是考滿分，目標就是得到老師的誇獎。上班之後，自己的責任就是把工作做好，目標就是得到老闆的讚賞。

在校園裡，這位滿分學生為了天天練習做考卷，即使再渴望，也不敢跟同學嬉鬧，因為考滿分就是他的責任。在工作職位上，這位滿分員工為了做好本分，不敢跟同事出去玩。他並不知道，同事與同學除了是玩伴之外，其實也是在你工作也好，生活也好，有所需時，能隨時支援你的資源。

你考試滿分，工作滿分，卻從不自動自發地幫助他人，或設身處地為他人著想，大家就會將你孤立成一個孤島。而孤島，漸漸地將會被人遺忘，在各路的來源停止供應之後，你就只能苟且偷生了。

除了生存，當然陪伴也是很重要。誰也不知道自己一輩子的知己是否來自現階段，儘管你在每一個階段都會死心塌地地認為，跟你很要好的朋友就是「他」或「她」了。

這種一廂情願是對的，是好的，因為當你產生這種感覺時，你正在訓練自己的信任度和忠誠度。而當你們兩個吵架時，你將會被逼學會「協商」、「爭取」和「道歉」；或者在鬧翻、絕交後學會「妥協」、「認清」及「成長」。在校園裡，涉及的事件一般不如社會中遇到的那麼嚴重，不如就把這一場失望，當成是排演。長大之後再遇到時，不會手忙腳亂。

誰也不知道這些同學當中，有哪一位將成為你生命裡的貴人或奸人。但依據我本身的經驗，曾在我事業上拉我一把的人，有許多都來自校園裡的純白歲月。趁念書時，多交些朋友，快樂地享受青春。

但最重要的是，大家應該趁世俗這壇醃料還未將你們變成苦澀、酸溜溜的人類之前，好好發揮你「人之初性本善」的特質，誠懇地處世待人，盡情地享受青春，先不去怕這春天般的歲月終究會碰傷，會瘀青。

四、系統性的學習

說實話，日新月異。我在中學、高中和大學所學到的知識，大概已經被新的取代得七七八八了。但要不是讀書的日子已將我訓練成一個赤手空拳也能生存的戰士，我恐怕會活得很辛苦。

書中不一定有黃金屋，也有黃金「汙」，市面上不負責任的爛書很多。課本上的知識也的確會在日後不斷地被更新，而且網路的發達和智慧型手機的發明讓我們隨時都能將世上所有的知識握在手中。但念書教會我的是，如何在過動的世界裡保持一顆靜心，在與世隔絕的一小段時間裡，如何控制情緒，如何發揮注意力，以獲取自己所需的資料。

若沒在學校學過這一套功夫，你會知道搜尋網路時，要輸入什麼關鍵字嗎？若沒在學校裡學過如何搜尋資料，我們會知道應該從關鍵字先著手嗎？

要不是教育制度訓練我們的閱讀和理解能力，我們能看得懂網站所提供的資料？

要不是考試制度訓練我們如何先將資料消化後，再重組成我們想呈現的格式，我們會不會對別人答非所問呢？語文的重要性，更別不用說了。

五、安慰爲什麼要頒獎？

擁有廣大視野的學生們在知識面、在技能上一屆比一屆優秀。但他們仍然缺乏學長學姐們的「韌性」，展現的往往就只有「任性」。這個年代的學生做起事來熱忱十足，但這股熱忱一碰到挫折，或一旦得不到老師賞識的時候，就會立即冷卻，或動不動就崩潰，輕言放棄，說得好像世界末日來臨似的。

女兒的班級中，就有好多輸不起的學生。其中一位數學測驗比隔壁同學少了一分，便趁對方不注意時，拿起他擱在桌上的考卷用力一撕，然後再來個「惡人先告狀」，放聲哭嚎，令老師還有那位受害的同學狠不下心責備。

這些學生當中有許多是「水果一派」，有外表光鮮卻受不了壓力的「草莓族」，一碰就爛；也有罵不得的「榴槤族」，因為他們有資金雄厚，來頭不小的靠山，叫做「爸媽」，時刻都準備為自己的孩子出頭；還有老闆們比較欣賞的「芒果族」，受了再多的擠壓，外表看上去依然了無痕跡。

或許現今家庭家中的孩子少，加上經濟能力也還可以，孩子自小就已經養尊處優。做父母的希望孩子能出類拔萃，於是給他們最好的吃、穿、住，他們想學什麼就讓他們學什麼，他們不想學的，只要能夠提升孩子的氣質和價值的，也讓他們學。

「直升機父母」也是一大癥結。我曾經是，所以我最清楚。這個嘛，留到〈用充氣球送你去外太空〉章節裡再說。

女兒小六年中考試成績不如同學的優秀，她難過得吃不下飯。我給她買了她愛吃的水果，卻被她回拒了。

她說：「失敗者不應該得到獎盃，不然就好像在獎勵失敗者的失敗。」

我溫柔地說：「『安慰獎』就是要獎勵沒有成功的人的努力。」

她狠狠地回：「失敗的人不一定有努力過。他們失敗也可能就是因為不夠努力。」

我笑了：「我知道妳有努力。」

她反駁：「那妳鼓勵我就好了，為什麼要獎勵？」

其實她會這麼想，也不無道理。

在許多校際田徑賽中，除了冠、亞、季軍，最後幾名的小小選手也有獎盃可領。但在野生世界裡，跑得比別的同類慢的動物，下場顯而易見，就是成為獵物。何來的獎盃可拿？

但我們誰不曾掙扎？誰不是仍然在掙扎？找出為何達不到成功的原因，就是失敗能帶來的禮物。

校園能教我們的，就是必須學習失敗，才能從失敗中學習。

念書是爲了人生而排練

至於其他，像我這種不滿分學生，還有不強求孩子考滿分的家長來說，念書的日子就像是一場為了登上大人的舞臺的排練。排練場中的友情、失敗和技能，都能幫助你上臺後好好的表現。

也就是說，你長大後的生活如何，都是從小時候在念書時代開始彩排的。長大後的我才了解到，爸媽的一片苦心。

以過來人的身分來告訴你們，孩子們，到時你會感激爸媽讓你好好念書的。

到時說愛我

Shila：唱　小寒：詞　方大同：曲

他的體溫不保溫，形成疑問。他的暱稱，已改稱一句陌生。

寂寞總夜裡挑撥，挑戰人意志的薄弱，不願心跳永遠沉默。

緊隨愛的線索，去失落、去失措，這就是生活。

如果沒如果，左右結果，我們只能注定錯過～喔。

在未來才遇見的你聽我說，到時候記得說愛我。

就當轉身是暖身，未來緣分，就不否認，痛反正無人獲勝。

回憶總夜裡漂泊，挑戰人到底多脆弱，不願心動從此沉沒。

假如苦苦等，等成個標本，只為了安穩，為了等待生存。

我寧願沸騰，我寧願心疼，才打起精神，只怕幸福眼看完整。

我的心卻早已冰冷，我不要我冰冷 oh no。

愛的線索中失落，會失措，這就是生活。

如果沒如果，左右結果，我們只能注定錯過～喔。

在未來才遇見的你聽我說，到時候記得說愛我。

筆記四

關於異性：一場化學煙火表演

空氣裡的暗號

隱著形穿梭在城市空氣中的，不僅是氧氣、廢氣、磁場、超音波、無線網路，還有一個個人體所散發出來的各種化學訊號，叫做「費洛蒙」(Pheromone)。每一份從你身體釋放出去的費洛蒙，都是獨一無二的，當中的化學成分就像指紋一樣，專屬於你。

在大自然界裡，費洛蒙是一種動物之間互相溝通的無聲暗號，比如引發集體進攻或逃亡的警報費洛蒙、螞蟻引路的追蹤費洛蒙，還有狗狗爭奪地盤時尿液裡所含有的費洛蒙。另外一隻同類鼻骨下，一個叫犁鼻器的器官，會在接收到訊息後做出適當的反應。

愛情也有，只不過在野生世界裡，那叫「吸引力」。動物之間到了「配種」季節來臨，就會被在空氣中，異性分泌並揮發的性費洛蒙影響，並被感覺「合胃口」的異性吸引。即使對方不是個滿分的男生或女生。

就算此刻的你短髮、身材臃腫、國字臉、臉上除了下巴新月形的胎痣，還有痘痘，不代表你不會有被你無意間釋放的費洛蒙吸引的追求者。

嗅覺是唯一直達大腦中掌控情緒和回憶的杏仁核的感官反應。科學家懷疑費洛蒙能在進入鼻腔鼻器之後，會喚起某一種回憶，例如小時候讀過的童話故事，或是韓劇裡的浪漫情節。

原本自以為對愛情免疫的美少女妳，很可能突然因為聞到一個熱汗涔涔的男生從皮膚表層還有腋窩所排出的，透過空氣中散發出來的，聞起來類似體味的費洛蒙，聯想起某一種回憶，因而對那位平時與你對不上眼的費洛蒙釋放者多看一眼。幾秒鐘的注意力就足以改變你對那個男生的觀點，進而因為身體裡其他化學反應而改變兩人的關係。

異性吸引力，真只不過是一種從對方腋窩的毛孔和汗腺分泌出來的化學分子，鑽進你的鼻子後擾亂你大腦的程序。想像一下那畫面。嗯，想像到了嗎？還浪漫嗎？那盲目，不知所謂的吸引力還存在嗎？很好。

公主與豌豆

然而被異性吸引僅僅是第一步而已。有些在交談甚久都未必來電，而有些即使默默不語都能令你感覺觸電，令你回到家之後，就算再舒服的床，再厚的床墊你都輾轉難眠，總覺得哪裡不對勁，卻又說不上來。這種感覺跟童話故事《公主與豌豆》（*The Princess and the PEA*）有一些關聯，只不過我指的不是你這位公主，而是一切都因為 PEA 在作祟。

PEA 亦可是豌豆，也可以是苯乙胺，五種戀愛荷爾蒙之一。你第一次和另一人有「來電」的感覺，就是 PEA 的傑作。PEA 是一種神經興奮劑，能產生所有緊張的症狀，如臉紅心跳、小鹿亂撞、呼吸急促、手心出汗等，相等於墜入愛河的感受。

為某個人神魂顛倒的感覺，其實跟魔幻一點關聯也沒有。它不過是你大腦裡一場化學煙火表演，費洛蒙完成使命之後，總共還有至少五種荷爾蒙：PEA、多巴胺（Dopamine）、去甲腎上腺素（Norephedrine）、安多酚（Endorphin）和催產素（Oxytocin）在你的頭顱裡循環，而 PEA 是指揮官。

從丘腦中湧出來的 PEA 能增加人的勇氣、精力還有自信心，卻也會影響一個人的客觀思維和判斷力，以為才貌其實只屬及格的人就是那個對的人，就是滿分情人。當下的心動、感動都是不準確的。隨之而來的還有自一見鍾情開始，就對對象產生的偏執、著迷的現象。那是因為 PEA 能抑制大腦負責記憶和注意力的活動。也就是說愛上一個人之後，善男信女們的智商馬上就會降低了好幾級。

對方令你心跳的感覺跟去甲腎上腺素有關，因為它有強大的血管收縮作用和神經傳導作用，會引起血壓、心率和血糖含量的增高。多巴胺這種極限運動時產生的神經傳導物質則會讓戀愛中的人產生「激情」的刺激感覺，像毒品一樣讓我們為愛狂熱。更糟的是，大腦會記得這種快感，令我們對戀愛上癮。也叫「抱抱荷爾蒙」的催產素，則讓戀人時時刻刻都想和情人接近、纏綿。

但身體怎麼可能受得了長期處於這種心跳過速的顛峰狀態？多巴胺在 18 至 36 個月之間就自然會被新陳代謝掉。隨著多巴胺減少，對配偶的激情會漸漸轉為平靜，熱戀期宣布正式結束。大腦的 PEA 平均可以維持頂多四年半的時間。也就是說，在交往四年之後若還不能修成正果，轉而受安多酚的影響，接受夫妻生活，兩人大概就會以分手收場。

安多酚是一種鎮靜劑。可以降低焦慮感，讓人體會到一種安逸的、溫暖的、親密的和平靜的感覺。它是所謂的「婚姻荷爾蒙」。

我們必須做好心理準備，世上大部分的人不經歷幾輪的 PEA 和多巴胺減少後所帶來的戀情冷談，是無法等到安多酚所帶來的美好體驗的。但如果等得到，即失去觸電和激情的感覺，用婚姻裡的溫暖和溫馨來彌補，愛情還真的是能天長地久的！

苦的甜食

就算戀愛是一首令人失去理智的荷爾蒙催眠曲，這並不代表我們就必須蒙著雙眼看待愛情，或等待愛情。

說到PEA，傳說巧克力含有豐富的PEA，是男生追女生的甜蜜陷阱。女生對自己沒臉紅心跳的感覺？沒關係，吃一吃巧克力補充一下PEA，但大家可知道， PEA只在大腦有功效，即使不是，也早就被女生的胃酸都消化完了。

巧克力原本是一種苦澀的飲料，在祭神時候使用，也可當作藥水來使用。但後來被加上了糖，就被當成了甜品，彷彿大夥兒都忘了它潛伏著的苦味，巧克力的獨特之處，正是它的苦味，正如愛情一樣。

《阿甘正傳》中，阿甘的母親說：「人生就像一盒巧克力，你永遠也不會知道你拿到的會是什麼口味。」我們誰也不知道自己的人生裡，究竟哪一顆巧克力滿是驚喜，哪一顆又特別苦？誰也無法預測幸福的排列法，唯有一顆一顆地品嘗，雖然令人戰戰兢兢卻也不乏刺激與樂趣。

但是，大多數年輕人都不愛聽取過來人的勸告，不願耐心期待生命遞過來的下一顆巧克力的口味，克制不了自己，憑著「享樂趁年輕」的藉口，迫不及待地將所有的巧克力包裝拆開，每一顆拿起來咬一口，每個吃一點，包括那一顆標上「青少年不宜」的。

到最後味覺飽和了、膩了，吃不完的，不夠格欣賞的，不管是不是浪費，不管有沒有後悔，都一概丟棄。

發育時期，我們都容易被身體飆升著的雄激素、雌激素或腦下垂體後葉荷爾蒙所影響。你願意被大腦裡的化學大戰左右，還是你想正視自己身體裡在進行著一場大腦傳導體和荷爾蒙大戰役，自己的判斷力難免被混淆，而強忍著欲望呢？怕只怕，等你遇到一個值得你去分享這個獨特體驗的人時，你卻早將自己的包裝開啟。

愛可能隨機，不能隨便

我們朋友圈裡的好多對夫妻都和我們一樣，打從高中或大學就相戀。校園的確是情竇初開、戀情發生機率最高的地方，畢竟孩子們都朝夕相對，即使不是日久生情，被費洛蒙吸引的機率也會因為共處一室而高出許多。

學生情侶離離合合見怪不怪，最常用的理由是「怕談戀愛會影響學業」。我們都曉得他們說的，並不完全是事實，因為不久之後，他們就會另結新歡，企圖尋求再一輪的快感。針對之前的那位，大概是 PEA、多巴胺等化學元素都被代謝掉了，導致兩人在還等不到安多酚的到來之前，就已無法繼續為彼此瘋狂。

更何況，校園裡、校園外的選擇都那麼多。大家也都被電影、小說和流行歌曲所洗腦，期待相遇情節永遠都那麼戲劇化。你們有可能是冤家路窄，由恨生愛；有可能是兩個素未謀面，在爭奪一張火車票的陌生人。

愛情，隨時隨地都可能出現。我們要「隨機應變」，要的是「隨變」。只可惜，現代年輕人失戀不久又開始戀愛；戀愛不久便又失戀，無限地循環著。說是隨緣，其實更像是隨意、隨便。

曖昧不讀暖味

有好多青少年都無法將喜歡和愛分開。就有一位小女孩問我「曖昧」是不是讀「暖味」，是不是跟現在流行的「暖男」熬湯給女朋友，溫暖她的胃有關係。我聽了差點噴飯。

不是的，小妹妹，曖昧和暖味字形雖然很像，但意思可是一個天一個地呀！我心裡吶喊。

曖昧中的「曖」有「幽暗、用意不明朗、行為不光明，不可告人」的意思。「昧」指的則是「目不明」（眼睛看不清楚），代表一個人懵懂無知的樣子。意思夠明顯了吧？

再不懂我來說一個故事。我有一位好友就耗了將近五年的青春，和一個男生搞曖昧。他們兩個天天一起相約吃中飯，時時刻刻互傳甜蜜簡訊，甚至還一起單獨旅行過好幾次，拍親密的照片。儘管如此，男方最終還是選擇跟自己正牌女友結婚。我為好友覺得不值，然而她卻聳聳肩。

「起碼曖昧是最接近談戀愛的感覺了。我沒有吃虧啦，如果那是妳擔心的。」好友告訴我。

對她，那段曖昧關係是她在友情的掩護下，全力爭取對方愛上自己的一個機會；對他，那段曖昧關係是他在沒有出軌的安全區內，坐享齊人之福的良機。一個耍心機，一個玩遊戲，冷酷、無情，是哪門子的溫暖味道？

「不過曖昧也算是一種感情的溫度計。」我對好友說。

因為如果你熱切地愛著這個男生，希望跟他有共同的未來，怎麼還控制得住自己坦白向他表白的欲望？深怕對方不知道你愛他的感受，怎會不比害怕被拒絕來得強烈？天天維持在這個唯唯諾諾的狀態，就表示愛情的溫度只處在舒適的室溫。

而那個男生也該想想，此刻要是還和自己的正牌女友熱戀中，曖昧怎會有縫隙可鑽？難道你在享受另外一個女生的熱情的同時，不會對正牌女友感覺內疚嗎？好，就當你是玩咖，可是為了這個你從她身上得不到好處的女生而猥猥瑣瑣、畏畏縮縮的，是嫌時間多嗎？還說你實為君子，倒不如說是偽君子。

或許因為我生來性格就乾脆俐落，搞曖昧對我而言是一種浪費時間的活動。人生苦短，偏要拖拖拉拉，那不叫考驗，那叫討厭！

還不如約會幾次之後，問問自己。感覺沒感覺？那好，再見！有感覺的，好歹也表白一下，反正他喜不喜歡你，你們都沒有朋友好做了。他不喜歡你，你還會有臉繼續跟他做朋友嗎？他喜歡你，你們就變成情侶關係，就不能說是朋友了對嗎？表白吧，關係表現得明明白白，才會清清白白。

沒有「錯過」，只有不夠喜歡

人類存在於世已經 600 萬年，即使你和另一個人生於同一個時期，地球就陸地已經有 1.49 億平方千公尺那麼大，誰能確認你們兩個會出現在同一個地方？就算出現在同一個地方，世上有 70 億人口，誰敢保證兩個人可能在他們生命中的 2 萬 8,000 天裡的同一天相遇？即使真的讓你碰到了，對方對你產生好感還是勝算很低的事情。

所以你跟他能夠相遇、相知然後相愛，已經是全宇宙所有的力量預謀起來幫助你們了，是一個奇蹟，你們怎麼好意思辜負宇宙的好意？為何還直愣愣地站在那裡不知如何是好？

你愛上他，他剛好也愛你，這種巧合的可能性未免太小了。既然真的發生了，而且你們兩個都是有上進心、善良的好人，你真的就再也沒有任何的理由考慮太多。和他交往，不要怕有什麼甜就必須跟另一個人分享，少了一半，因為有什麼苦的時候，他也會跟你一起分擔，少了一半。

友情對愛又不敢愛的人是藉口，對愛又不能愛的人是傷口，無論怎麼看，友情是都是愛情裡的「安慰獎」。

除非妳正在盤算，像妳如此貌美如花，被眾人捧在手心的小公主，什麼時候才能等到王子來？好，那妳就慢慢等著那隻青蛙從爬蟲類進化成人類吧。

反正我們也不要嫁王子

相信大家都和我一樣，鄙視患公主病的人。這就是當公主的壞處，會患公主病。當不成，也千萬不要有當公主的欲望，因為我們不要嫁王子。

問題是，女生對「英雄救美」的觀念中毒太深。一、救妳的，對妳而言是英雄沒錯，但未必是王子；二、被救的，不一定是美女，也就是說，如果妳不是美女，他未必會救妳，而要是他真的救妳，你只能說，他是英雄，但妳不一定就是美女。

許多女生都太相信，一輩子需要王子解救。

喂，妳有手有腳有腦袋，爸媽還付了那麼多學費供妳受教育，碰到什麼難題時不會自救呀？周圍沒有男士替妳開門的時候，妳還不是自己推？

況且童話故事裡的王子還真的沒有幾個是有出息的。

不信看一下，《灰姑娘》。如果王子平時經常微服出訪，必定見過灰姑娘。沒有見過，就表示這個王子要麼整天躲在象牙塔裡，不知人民艱苦生活，不然就是眼睛長在頭頂上，只看美女。這種男人，會知道什麼是真愛嗎？只習慣看女人濃妝豔抹的男人，洞房花燭夜之後，看到妳素顏的樣子會不會被嚇出心臟病？

再來，《白雪公主》。請問冒險收留逃亡中的白雪公主的，究竟是誰？她昏死過去後，要不是小矮人們使盡吃奶之力把她抬到花園裡，碰巧被王子碰到，公主會復活過來嗎？王子的貢獻不過是那個使用哈姆立克急救法把卡在公主喉嚨裡的蘋果逼出來的路人甲。如果你這麼有英雄情結的話，那小矮人是不是更值得嘉許？

還有，《美女與野獸》。野獸是很強壯，但他威脅貝兒的父親、綁架貝兒，硬要她愛上他。這是哪門子的英雄事蹟？《睡美人》裡的王子沒錯是披荊斬棘，但初衷是因為好奇，而不是為了解救公主。還有《阿拉丁》和《長髮公主》中，公主愛上的，根本就不是王子，而是靠偷、騙和搶為生的亡命之徒，婚後還入贅皇宮。

在這裡，我們不要「吃不到葡萄就說葡萄酸」，而是立志成為一個「吃不到葡萄，那我偏要喝葡萄酒」的人。越是得不到的東西，就越要做得更好。

經常有鄰居或認識的人拉著我說羨慕我有多幸運，嫁了一個好醫生，一輩子可以不愁吃不愁穿，言語間彷彿在隱射我是一個好吃懶做的太太。我一直以來都選擇一笑置之，因為我知道：一、我有自己的事業，不是靠誰豢養的寵物；二、我幸運的是，我嫁了一個從高中就認識的好男生，一起念大學，一起為未來打拚。我們訂婚的時候，他醫學系都還沒畢業。

一起吃得起苦，就算失敗也能屈能伸，不會自艾自怨，你的一輩子就不會辛苦。最後獲得的資產，兩人共同擁有，你就不用每個月打扮得花枝招展，只為了哀求對方給你零用錢。

與其嫁一個手無縛雞之力的現成王子，還不如與一個平民一起打造江山，然後挺直背，昂首與他一起當國王王后。

君子蘭

李幸倪：唱　小寒：詞　馮翰銘：曲

以為繞在你身旁就哪兒都是家鄉，怎知在你懷裡更有如流浪。

熟稔的街坊，人來人往，卻沒地方供我停航。

以為待花期再長一點愛就會芬芳，怎知盼來了等待多漫長。

誰都不明講，你心已荒涼。

於是善意收留終究是個謊，淚溼我臉龐。

尊貴君子蘭，可謂當君子難，適度溫暖，對誰都不太勇敢。

既然要委婉，我也就不多糾纏，你不愛我不必辛苦隱瞞。

既是君子蘭，你優雅不野蠻，所以連我要走都不瘋狂阻攔。

只禮貌地把手攤，祝我幸福美滿。

挺直背你收回我歸還，你定情的金指環。

以為靠著你心牆有屬於我的地方，怎知牽強被我當成堅強。

你從不明講，是一種善良。

但若愛不愛只是客氣的謊，幸福很渺茫。

最恨誰說你最好，風再猛也不動搖。

要不當我想要逃，你雙腳不會禁錮自尊的牢。

就像君子蘭，你說當君子難，說不婉轉，是我不值得勇敢。

為時已太晚，這段情不敵風寒，感謝你委屈多年的隱瞞。

雖是君子蘭，只要多點野蠻，只要一點淚水就能將我阻攔。

可惜你只把手攤，要我幸福美滿。

你怎捨得收回我歸還，唯一證明愛過的指環。

筆記五

關於健康：亂了的數位世界

不該是讓別人看「見」的安「康」

剛上小學時，一些親戚都愛捏捏我的臉問道，是不是媽媽沒給我東西吃，怎麼個子那麼瘦小，臉色那麼蒼白？

快中學畢業，同一批親戚會問我，是不是媽媽給我吃太多了，怎麼那麼胖，全身上下都是肉？

念高中，他們又指著我臉上的痘痘問我，是不是媽媽沒有教我怎麼做皮膚保養，還是我睡覺前沒有洗臉的習慣？

家教還不錯的我，原不想正面反駁長輩們，但他們這麼說我母親，似乎有些過分。況且，我蒼白、我瘦弱、我肥胖、我皮膚不好，關他們什麼事？

於是高中那次的我冷冷地回了一句：「謝謝您關心。我很好。」

「我很好」是真心話。因為我當下的身體狀況如何，就我最清楚了。而我很清楚，我感覺不錯，很少感冒。

可惜太多人都以為必須把「健康」、「安康」表演給別人看，努力地達到別人設下的數字目標，努力地歡笑，討人歡心。於是「飲食失調症」和「憂鬱症」成了城市人的世紀文明病。

體重

譬如體重。我站在體重計上時，數字是比你的大，那又怎樣？這就表示我比你好逸惡勞、比你貪吃、比你懶惰、比你差勁了嗎？

你骨感，我「鼓」感，總行了吧！

再說，我怎麼知道你透露的數字是真實的？就像明星們，公布的體重未必是真的。

我了解的。世上怎會有哪個女明星好意思說：「啊，我身高 160 公分，體重將近 60 公斤。」

任何人聽到都一定會覺得很不可思議，因為人家可是女明星呀，怎麼可能跟你這個素人一樣重？你的 60 公斤是半夜零食、泡麵吃出來，她身為明星應該比你更有氣質、更有節制能力呀！要不然你也可以當明星了對不？

但我告訴你啦，除非一個人瘦骨嶙峋，病殃殃的，要不然一個 160 幾公分的女生是不可能只有 40 公斤的體重。50 公斤以上，60 公斤以下的體重都屬於可以接受的範圍之內。

我證明給你看。拿出你的計算機計算，不然珠算、心算都可以，把以下的數字通通加起來。

身體裡主要的器官都是有重量的。一個普通身材、高度的健康女生：

血液與淋巴系統重量：33 公斤；

肌肉與脂肪重量：8 公斤；

骨頭重量：7 公斤；

皮膚（包括指甲和毛髮）重量：3.5 公斤；

腸子（大小腸）重量：3 公斤；

肝臟重量：1.3 公斤；

大腦重量：1.2 公斤；

膀胱重量：750 克；

肺重量：600 克；

腎臟：240 克；

心臟：250 克；

胰臟：115 克。

這些還不包括其他小器官的重量。

怎麼樣，加起來有多少？大約 60 公斤對不對？這，就是一個身材中等的女生的基本重量。

也就是說，除非身材中等的你把身體的血、淋巴系統全都抽掉，或把骨頭、皮膚都給拆除，否則你的基本體重根本減不了多少。

一個從 60 公斤的基本體重胖到了 80 公斤的女生，要變回 60 公斤，只須透過運動和健康飲食習慣減掉 20 公斤的脂肪即可。

但如果 60 公斤已經是你的基本體重，那你除了 8 公斤的脂肪和肌肉以外，實在沒有什麼可減了。你頂多能在肌肉和脂肪的 8 公斤裡做調整，要不，用運動將鬆馳的脂肪轉化成同等重量的結實肌肉，不然就是挨餓，把肌肉也燃燒掉，但後者也只能幫你減掉最多 8 公斤，你的體重依然達不到 50 公斤以下。再減下去，減的就是影響身體的重要功能了。

然而盲目愚蠢的我們都會因為達不到目標，為了希望自己變得像照片上韓國明星一樣纖細，也想來甩掉個 20 公斤，而開始節食、挨餓，甚至服用市面上促銷的減肥用品，就為了體重能達到更小的數字。

當身體一旦理解血糖將持續低水準時，就會為了保住重要器官，而開始啟動「節省能源」的模式，引發荷爾蒙失調、毛髮脫落、停經、皮膚乾燥等症狀。

當身體一旦習慣了低血糖，神經性厭食症和神經性暴食症都會接踵而來。飲食失調已成為這個世紀青少年群中最普遍的疾病。每五位年輕女性便有一位患上飲食失調。

大腦雖然只占身體重量的 2%，每天卻至少用盡超過四分之一的能量。難怪大多數人都不愛動腦筋，因為太耗能源了。

反之，人類的大腸是大腦超過兩倍的重量，使用的能量卻少之又少，那是因為它只有一個功能，就是製造完大便，就儲存大便，大便的分量可是多到需要用 1.5 公尺長度的大腸來裝。

母親常擔心我的直腸子會得罪人。我告訴她，若按照以上的邏輯來思考的話，為人直率沒有什麼不好，因為「直腸子，少點屎」。

雖然我們都知道芭比娃娃是一個騙局，也聽說過明星體重是一個謎團，更了解照片是怎麼地「照騙」的，但我們還是執迷不悔，在身材、外型這兩個課題上，腦子依然充斥著不實際的數字，塞滿了不道德的商家和愚蠢的人的屎話。

60% 大腦是脂肪

大腦說什麼還是主宰人類存活的主要器官，才 1.2 公斤而已，說實在的，有點可怕。更令一些無論吃什麼食物都必須先「過水」，拚命擺脫脂肪的女生難受的是，這有著大約 1 千億條裹在脂肪組織內的神經線的大腦，被脂肪占去了 60%。人的神經細胞越多越聰明，而腦細胞越多就需要越多脂肪包裹住。越多脂肪包裹就需要越多脂肪……

難說我們脂肪高，不是因為我們腦細胞太多了。為了預備我們越變越聰明，我們必須在身體裡儲藏多一些脂肪，以備不時之需。不然，人們又怎麼會稱腰間的脂肪為「備胎」呢？對不對？吼？

衣服尺碼

備胎是說笑，但說身體需要脂肪是認真的。體內的荷爾蒙、神經傳導因子、某一些維他命等，都溶於脂肪不溶於水，因此攝取適量的脂肪依然還是必須的。

偏偏我就認識不少腰間一寸脂肪也沒有的女生。她們努力減肥，幾乎不進食，就為了能擠得下「0」尺碼的衣服，成為滿分女生。

但「0」？「0」代表什麼？幽「靈」嗎？

成衣的尺碼自 1937 年以來就一直在變。目前的「0」 號是 1967 年的「8」號，而現在的「8」是當時的「14」。據了解，成衣尺碼的增加是為了配合隨著城市人飲食與生活步調改變，女性的體型也出現「膨脹」的現象。

加州設計師妮可．米勒（Nicole Miller）聲稱「0」是為了當地亞洲女孩子的需求而設的，而其他健康專家們則有所抗議。他們指出，成衣尺碼越變越小的效果有兩極端：暴飲暴食和飲食失調的現象。

1967 年的「14」號指的是腰圍 25 寸的女性，而如今同樣尺碼的女性腰圍則是 33 寸。不切實際的小尺碼會讓體重低於健康水準的女生，自我感覺過於良好，錯覺自己的健康沒有問題。

「0」號的效果和芭比娃娃是一樣的。愛美的女生都會以為將瘦得能擠進「0」號的衣服，就等於「100 分」美麗的意思。於是女生們將這個被扭曲了的審美觀設為自己減肥的目標。盲目追隨「小數字」這一股歪風的下場，就包括了飲食失調、憂鬱症等。

罩杯

我在嘗試了解世人的審美觀時，都會盡量尋找科學的根基。

比如我們女生被高大健碩的男生吸引，是因為在野生世界裡，這代表著安全感；男生喜歡有著一頭烏黑亮麗的長髮的女生，因為野生世界裡，這代表著下一代即將擁有的健康的好基因；而臀部大，則表示未來生孩子時會比較可能順產。唯獨罩杯這件事，令我百思不解。

為何女生的罩杯越大就越符合世界的審美觀？是什麼病態的人設下的條規？跟科學一點關係也沒有。罩杯大並不表示產生的奶水會更多，因為母乳多少，跟母體擁有的乳腺數量有關。乳腺多少並不會影響罩杯大小。影響罩杯的，是脂肪。

在審美觀裡，罩杯這個數字是越大越美。為了胸圍能雄偉一些，數字大一點，不少現代女性都選擇做個小手術，在胸部塞入兩個鹽水包，將罩杯再加個幾寸，促成人們號稱的「事業線」，期待這條「線」越深，事業就會越成功。

我好想問：「這事業線這麼深是要怎樣？夾文件嗎？」

歲數

我能理解「女人的年齡是祕密」，這句話在娛樂圈內的必要性。可是我發現，幾乎所有女人都喜歡說這句話，當中還包括一些上了年紀的，我就在電信公司的服務櫃檯目睹過一次。

當時有服務人員正在替一位在我之前，看起來起碼有 60 歲的阿嬤填寫表格，因為她的英文似乎不太好。老太太身邊還繞著兩個一直喊她「阿嬤」的頑童。

我耐心地等著，服務人員也非常耐心地協助那位女士。但當他問到她生日的時候，阿嬤突然對帥氣的男職員嬌聲嬌氣地說了一句：「哎喲，女人的年齡是祕密。我的生日哪裡可以跟你講！」男職員一臉尷尬，站在那位阿婆身後的我則很不給面子，笑出聲來。

想告訴這位太太歲數有什麼好隱瞞的？您都有叫您「阿嬤」的孫子孫女了，年齡說什麼都不可能才二十幾歲吧。就像我，我在寫這本書的時候，女兒都已經　12 歲了，我總不可能也才二十幾歲吧？

年齡這個數字越小，就越接近滿分嗎？數字小不過表示那個女生肌膚比年齡數字大的，來得柔嫩。那剛出世的嬰兒才算是最接近滿分的好不好？

年齡數字與人生經驗一般上都會畫上等號，年齡空格填上的數字越大，就表示你處事待人的方式很有可能會比數字小的女生要好一些。

智慧與應變能力只會令你看起來更美麗，說不定更年輕喔。

痘疤

我熱愛文字，也很幸運能將這份熱愛轉換成一種事業。於是我無須四處奔波，無須為了生活整天僵著一張臉，逼自己戴上一個假造的笑容，或許因為如此，我看起來會稍微比同齡的職業婦女來得年輕一些。當然我也必須感謝父母遺傳給我的凍齡優良基因。

當然我看起來和實際年齡不符的原因還有，我這一把年紀還像青少年一樣，長痘痘。

我和青春痘的戰爭自 13 歲就開始，30 年後的今天還沒有結束，儘管已經改善許多。我只能以過來人的身分勸請同學們。

首先，了解你的生活習慣。青少年因為發育，因為功課、壓力加上睡眠不足，長痘痘是難免的。因此你必須接受這一點，設法在其他方面改善，比如減少辛辣食物、速食、甜食、喝刺激性飲料如咖啡，因為這些食物當中的劣等油脂與過量的糖分將促使你體內的胰島素飆升，轉而促使雄激素（女生體內也有，只是比較少）增加，刺激毛孔分泌更多皮脂。皮脂一多，皮膚細胞會死亡，毛囊阻塞，於是生長在毛囊裡的痤瘡丙酸桿菌就會很快樂地繁殖，數量一多就會刺激身體的免疫系統開始起義。下場就是發炎、紅腫和膿液。

再來，了解你是否對某種食物過敏。食物過敏是一個常見的罪魁禍首。過敏是一種免疫系統失調，體內的白血球被誤導了，在攻打外來有害物體的同時，也會攻打身體不同部位，尤其細胞繁殖最快的毛囊，引起青春痘。

第三，了解你的膚質。若你的皮膚屬油性或像我的一樣，屬混合性皮膚（內油外乾），在新加坡這種潮溼天氣中，無須使用太油膩的潤膚乳，防晒乳反而更重要。喝很多很多的開水，覺得臉很油的時候用清水洗洗，然後擦乾，千萬不要使用鹼性太強的洗面乳，免得刺激皮膚出油。除了生理期，女生長痘痘也跟化妝後沒有清理乾淨有關，也會害毛孔堵塞。

如何減低青春痘的數量，我不是專家，我只知道要別用手擠壓！皮膚的毛囊裡這時都已經「戰火連連」了，我們實在不宜再用沾滿其他細菌種類的手指去碰它，因為開啟傷口只會引起更多其他細菌的感染，令免疫細胞更混淆。白血球亂槍掃射的結果，就是痘疤！

內在美，才會外在美

內在美當然包括涵養，但我們先不說這個。我們要學美容祕笈的口吻，說：「美麗跟氣質一樣，有調養，有修養，能從裡面美到外面。」

首先，水。要看起來很「水」，就必須注重補充水分。

想像你的身體是一座有非常多的小河流穿梭的小島，這些河流負責載送巡邏隊、糧食到小島各個地區，再從每個地區收集垃圾，送至大海扔掉。河流就是你的血管，巡邏隊成員是白血球，糧食代表養分與氧分，而垃圾就是你身體裡的毒素，還有不被吸收的食物和水分。

水分充足時，河水會高漲，運輸順暢。反之，當你不補充水分時，身體的循環系統就有如小島的河流一樣，水位很低。水位很低的時候，巡邏隊（身體的免疫細胞）、食物（養分和氧分）都無法快速送至身體各處，垃圾也會堆積如山，危害著島民（身體的細胞）的健康，導致疾病產生。

運動和笑的效果也和補充水分一樣，會令血管擴張，代謝率的加快，能令河流的速度也跟著加快。輸氧快，排毒也快。

運動和大笑都能刺激免疫系統中的自然殺手白血球以及丙型干擾素的產生，幫助身體抵抗皮質醇，一種會壓抑生長荷爾蒙的壓力荷爾蒙。皮質醇少，生長荷爾蒙就多，允許發育中的青少年增高。運動和大笑也能引發身體分泌多巴胺、安多酚、血清素，在減輕身體上的疼痛時，能令人感覺歡愉，是抗憂鬱症的最佳自然良藥。

好吧，既然大笑和運動的成果相似，而我們的工作、上課的時間長，人又懶，運動得不多，那我們一定記得要多笑，記得要大笑！因為除了能健康快樂，美容肌膚，還能快高長大。

當然還有睡眠！

睡眠，大腦的重新開機按鈕

大多數的動物在睡著時是完全卸下防備的，警戒性和保護力也最低，賦予掠奪者攻擊自己最好的機會。既然如此，為什麼不能乾脆不睡？動物願意冒著生命的危險爭取睡眠，就表示睡眠有它不可忽視的重要性。過去的研究重點都放在睡眠如何協助大腦儲存和修復記憶，以及促進學習認知能力上。

一直到近年以來，美國一項研究顯示，原來神經細胞在動物睡著時，會自行萎縮，細胞與細胞之間的空間可以增加大約 60% 左右，好讓在這個時候增加　10 倍的腦脊髓液，可以進行清洗工作，就像清道夫在用水掃大街一樣，把大腦每天收集的數據重新整理一番。不重要的，和沒有象徵性的記憶，會像枯葉一樣被沖走，剩下值得保留的記憶。

這也是為什麼我們睡醒了之後總覺得思路更清晰，身體也更有活力。

其實我們在睡著時，整個身體並沒有因此而完全處於停滯狀態。相反的，有一些器官在我們睡著時，更加活躍，進行修復活動。睡覺能讓我們完全放鬆身體，這樣我們就不會去干擾身體去從事我們在醒著時，它們無法處理的事情。

頂著兩個黑眼圈，身心疲憊的女生，又要如何成為滿分女生呢？

不贊成讚

現代人缺乏睡眠的其中一大原因，就是熬夜閱覽社群媒體上的新聞，還有別人對自己貼文的評語，好像在處理什麼大事一樣。

曾幾何時，我們做什麼、說什麼、穿什麼、吃什麼都需要跟不太認識的「朋友」交代？曾幾何時，我們做什麼、說什麼、穿什麼、吃什麼都需要不太認識的「朋友」誇獎，才能覺得自己有價值？

這就是社群媒體的威力，能一下子替一個人網獲很多人的誇獎，讓那個人錯覺自己做的事情都意義非凡。儘管這個人心知肚明自己並不真的算是有成就，也忍不住會感覺自己多了不起。

當一個人習慣了用別人的反應來鑑定自己存在的意義時，他就會很容易將自信和別人的反應畫上等號。這是一種很危險的癮頭，戒也戒不掉。你隨手拍了一張照片，上傳到網上就能輕易換來幾百、幾千甚至幾萬個人的「讚」，或上千人的評論，難說你不會「暗爽」，開心上一整天，並每隔幾分鐘就刷一下手機，看看有沒有新的評論，或是「讚」數又加了多少。

你會開始執著於發文的時間必須是在早上 11 點和傍晚 5 點兩個時段，

早一秒、遲一分都不行。你每天的活動都必須繞著這兩個時間點轉。你巴不得流星能在傍晚 5 點就出現，因為在 8 點過後，能看到你捕捉到流星飛過的畫面的「點讚者」將會大大減少，你所「投資」的心血和時間就「血本無歸」了。

容易得到的，也自然容易失去。當你的粉絲人數急速下降，或每則貼文不再得到一樣多的關注時，你難免會開始慌張、自責，甚至懷疑自己是不是變醜了，還是變蠢了。有些人會開始沮喪，甚至對真實生活當中，愛自己的人發脾氣，有些則採取更極端的策略來引起別人的注意。

我就看過一些網路歌手，在網上翻唱別人的歌曲時，得不到自己想要的關注度，乾脆化個大濃妝，穿著一件露肩小可愛，坐在自己床上唱歌。影片裡，她們搔首弄姿，抱著吉他好像沒穿衣服似的，果然引來不少注意，「讚」的數字直線上升。但，這些與她們的初衷 —— 音樂，有關嗎？

有些一會兒擔心網友不喜歡自己是因為自己胖，趕緊節食，一會兒有預感自己不夠健美，又猛上健身房。停下來想一想，每一個日子都過得患得患失，有意思嗎？有沒有人「讚」有那麼重要嗎？按「讚」的人少了，你就少了一個真正愛你的人了嗎？有那麼慘嗎？

但上癮的人，是很難從旁觀者的角度看事情的，很多時候會越陷越深。你開始覺得自己必須對這些關注你的陌生人的快樂負責任，你開始覺得你必須為了他們的喜好而活，即使自己有多不願意。最後，你不快樂了，憂鬱症來了。

我深切了解那種感覺，雖然我還不至於為此而憂鬱，但我也曾掉入這個圈套，每隔幾分鐘就得檢視自己的社群網站，滿腦子都在盤算著、策劃著下一則貼文要些什麼。我也曾虛榮地靠別人的關注來膨脹自己的自尊心。

幸好我突然「智障」了 —— 我的蘋果 4S「智」能手機出現故「障」，在物色下一支手機之前我有大約三天的時間沒有智慧型手機可用，必須回到只能用電話撥打電話號碼和傳簡訊的日子。開始的時候我有些慌，覺得自己與世界脫節。可是這突如其來的「冷火雞」治療其實是一件好事，我不再無時無刻想著社群媒體上誰在寫什麼，誰在寫我什麼。漸漸的，我不再依賴這些「虛擬」的「讚」。

不當一個低頭族，才能抬頭看風景。

可惜城市當中有多少人依然還在低頭看著手機，無視周遭在發生的事情。吃飯時盯著手機滑 FB；睡覺前盯著手機滑 FB；過馬路時盯著手機滑 FB；上廁所時盯著手機滑 FB……消化不良、眼疾、手機掉進馬桶的事件層出不窮。我也親眼在歐洲目睹一位女生在過馬路時因閱覽 FB 被電車撞到滿臉是血的恐怖畫面。

賈伯斯的智慧型手機將地球縮小到可以握在手掌心；馬克祖克伯則把人與人之間的距離都拉近了。可他們始料不及的是，世界因為他們也跟著變大了，大得你在握著手機的情人眼裡渺小得毫不起眼；人與人之間的距離拉遠了，遠到你即使伸出手也觸不及那個坐在你對面，握著手機的情人的心。

因為我們都寧願與世界上的陌生人宣布、暴露我們心裡最私密的內心世界，也不願與至親的人分享任何一點心情；寧願去光明正大地窺視世界上陌生人的瘡疤，也不願知道至親的人眼淚背後的故事。

陌生人與陌生人，我看你演，反正你情我願，樂此不倦，每天一遍又一遍。

偷窺秀

蔡健雅：唱　小寒：詞　蔡健雅：曲

大夥看起來一片好意，但我猜好意實為好奇。

分享自己，總得有勇氣。好吧，我來讚揚你。

自導自演，自我表演欲，獻給剛走過的人而已。

生活原本就是一場戲，把戲。

人十之八九，都無藥可救。

某時候，這時候，自曝傷口只是藉口。

來上演拿手，成人偷窺秀。

我等候，你守候，重新開啟的視窗。

你看我演，你情我願，樂此不倦，還不過癮，再來一點。

我看你演，沒有底線，輪流表現，全是自願的演員。

箱子裡的祕密先保密，按時機吊胃口像下棋。

看得見，才是真憑實據。好吧，我來成全你。

受人關注，讓人變美麗。鏡頭說，你就深信不疑。

不如多提倡互惠互利，主義。

人十之八九，沒必要打救。

（反正眾人要求，就有需求，想受歡迎是種自由。）

快上演拿手，真人偷窺秀。

（既然有這念頭，彎腰探頭，尋找窺視的窗口。）

你看我演，你情我願，樂此不倦，還沒上癮，再來一點。

我看你演，挑戰底線，好好表現。

（花言巧語，任君挑選，一起表演。）

沒有底線，急著表現，全是一線的演員。

筆記六

關於爸媽：吸血吸得你們頭髮都白了的跳蚤

孩子：吸光父母心血的跳蚤

母親打從我們上學之前就早有將我們自出世就留著的長髮剪去的打算，卻一直不知如何啟齒。母親總不斷地提醒我，患有哮喘的我身子本來就弱，這麼長的頭髮只會把我的營養「吸掉」，難怪一年級的我，身高還不到一百公分。

終於機會來了！小學二年級的時候，我姐感染了跳蚤，傳染給我，奇癢難忍。

跳蚤還來得正是時候，因為解決的方針首個事項便是把長髮剪掉。母親手握著平時裁剪布料的大剪刀，「咻」的一聲，我透過淚眼看見我及腰的長髮散落了一地。

那一刻我恨死我媽了，這麼忍心逼我同意讓她把我最心愛的長頭髮給剪去。我也恨死我姐了，要不是她跟不注重衛生的小孩子玩，我也不必落得變成個小男生！

我照著鏡子，越看越覺得自己變醜了，心想：明天上學後，男生就再也不會給我送貼紙，女生也不會再理我了，因為我已經不是那個大家眼裡的小「正妹」了！

我有所不知的是，母親除了連夜將我們穿過的衣服用熱水燙過，還做了另外一件事。她趁我躲在房裡嚎啕大哭的時候，把我剪下的那束長髮悄悄撿起來，浸泡在洗衣液裡，等頭髮上的上百隻跳蚤淹死後，沖洗乾淨，再晒乾了為我留著。

那個年代裡，清除跳蚤是一件很麻煩的事。必須在將長髮剪掉之後，把煤油塗在頭皮上，然後蓋上毛巾，再套上個塑膠袋，包個幾個鐘頭，跳蚤被活活「悶死」了才可摘下。把煤油洗乾淨後，母親又耐心地用竹篦子替我們姐妹倆把跳蚤卵給「梳」出來。

我清楚記得自己全程就只懂得坐在凳子上發脾氣，非但不跟母親配合，還時不時故意僵硬著身體，讓她為難。我完全不曾考慮過跳蚤這種寄生蟲是有高度傳染性的，母親一不小心也會受到感染。而且在這件事情上，我姐和我也只不過是被逼剪短了很快就長得回來的長髮，而母親必須除了照顧我們兩個，還必須為整個家進行消毒，身體都累垮了。

跳蚤，又名蝨子，是一種以吸宿主的血為生的寄生蟲，無法離開宿主太久，否則很快就會死亡。宿主動物完全拿牠沒轍，除了咬緊牙關忍受那一陣陣極度的癢之外，無法自行消滅跳蚤。儘管如此，跳蚤也從不手下留情，日以繼夜地，貪婪地吸取著維持宿主的生命液體，一直到找到新的宿主為止。

也就是說，孩子，其實跟跳蚤沒什麼兩樣。

要你念書是在保護你

那個年代裡，我們爸媽將教育當作是一種長遠的投資。他們因為受的教育少，能選擇的工作類型不多，於是只好屈身於薪資較少、福利較差的工作。孩子書念得多，能考個大學或專業文憑，出社會找工作時，較有談條件的籌碼。孩子經濟獨立，勞碌了大半輩子的父母終於能夠享一享清福了，多好！

可是這個時代不同了。做父母的多少已經對養兒防老的觀念死了心。他們很有可能已為自己的退休金做好打算，說不定也已存好了孩子的教育費。現代父母都希望自己孩子能讀越多書越好。

孩子們，你至今依然能在學校念書，並不是因為父母喜歡虐待、傷害你。相反的，他們是在保護你。學校即使再像一個社會，形形色色的人再多，說什麼也都只是一個迷你社會，在你背後插一刀的人會隨比例減少，要比職場單純得多。你能念多久書，他們就努力賺錢多久。這樣你就不必太早出外工作，感受社會帶來的全面衝擊力。

如果可以，你以為爸媽不希望你們早點出來工作嗎？想想，你出來工作，他們就可以停止每個月給你的車資和零用錢。你出來工作，說不定還會定期給家用，還有可能會付房租。這麼一來，即使他們還未到退休年齡，生活擔子多少可以減輕一點了吧。

但都沒有。做孩子的大多數都不懂得爸媽的苦心。除了予取予求，將父母的金錢、精力都吸走，我們還不斷地對他們發脾氣，彷彿他們犯了什麼滔天大罪一樣。

父母的頭髮不變白才怪。

因爲發育也是一場化學煙火表演

「我很想發脾氣，但我不知道為什麼！」女兒在 11 歲生日過後，會經常這麼說。一臉憤怒的她還會緊握拳頭，說想讓我找個沙包讓她發洩。除此，還不時出現與我頂嘴、大小聲、衝動與不講道理的跡象。

起初我們都蠻訝異的，擔心這性格溫順的小朋友是否又在學校遇到什麼霸凌事件，到處打聽，都沒問出個所以然。

要不就是吃錯了什麼影響情緒，我們猜。仔細觀察，一切照舊啊。再說，她從不碰任何含有咖啡因的飲料，如咖啡、可樂，也從不愛吃甜食。

眼看自己循循善誘，培養出來的乖巧、懂事 11 歲的女兒正在逆向生長，變回兩歲時那個蠻橫無理的她，我這個非滿分媽媽，心裡確實有閃過加強家教，對她發威的念頭。但我清楚，硬碰硬是行不通的，不如從問題的癥結開始做起。

所幸我有科學背景，查了查一些研究報告，發現全世界，年齡介於 11 至 18 歲的人類，都會有情緒波動、行為脫軌的跡象。性格上的轉變，與外在因素無關，也跟我們的教養無關。這個「全球災難」，叫做「發育期」。比起一些青少年，我們女兒的表現已經算非常溫和了。

然而對我而言，那已經有些令我抓狂了。我不記得自己少女時期有那麼極端的表現。

「有，只是妳記不得而已。妳不是把自己的頭髮剪得像個男生一樣嗎？我那時也很傷心呀。」我自己的母親說。

原來我忘了，一切都不是我能控制的。

因為發育期和戀愛一樣，也是體內一場化學煙火表演，有時很難控制。少男少女在發育時，身體裡分別飆升的雄激素和雌激素會影響他們大腦前額葉皮質區的發展，影響他們的判斷力、行為與欲望。很多時候，他們不僅無法控制情緒，甚至還會對自己的所作所為產生健忘症。

大腦前額葉皮質區主要主宰一個人的脾氣、注意力、情緒的平衡、反應的彈性、自我認知、膽量、直覺、理智還有倫理道德。前額葉皮質區是大腦中最後成熟的區域，過程從孩子 4 歲便開始，直到 18 歲才結束。

相信每個家長都領教過自己孩子在進入兩歲時從天使變身惡魔的階段。那是因為前額葉皮質區在那時尚未開始發展，孩子難免會覺得很混亂，並需要透過挑戰生活和情緒極限，來設定自己被允許的行為範圍。

隨著前額葉皮質區的發展，孩子會越來越有控制情緒的能力，這就是令我們家長們欣慰的「懂事」，行為滿分的小孩。

可惜好花不常開，孩子到了 10、11 歲時，家長就又重返地雷區。孩子到了發育期，頭顱裡基本上就等於一碗浸泡著一顆大腦的性激素和成長荷爾蒙濃湯。譬如少男的雄激素越高，腦前額葉皮質區就越難控制情緒和欲望，而少女在生理期時，則因雌激素偏低，更容易衝動。

別說身體上的觸碰，如擁抱或撫摸，我們做父母的，就連打一個噴嚏、發出一個笑聲，都會被家裡的青少年嫌棄，都足以讓他們甩門，然後大哭。暴力的衝動很多時候因為腦前額葉皮質區的多巴胺（競技比賽、冒險時大腦會分泌的神經傳導物質）系統失調、過盛，而血清素（振奮心情、防止情緒低落的神經傳導物質）過低，讓我們突然從他們最親密的知己，直線墜落，被貶為世上罪大惡極的魔頭，雖然惡魔（Emo）更適合用來形容此刻他們身體裡正在兵荒馬亂的神經傳導物質系統。

儘管做爸媽的都能互相安慰：「發育期的孩子都會這樣。」但難免都會傷心。畢竟孩子是我們千辛萬苦生出來、含辛茹苦撫養長大、全心全意寵愛的小小人類。做父母的何來如此深重的罪孽，值得他們這麼執意傷害？

其實，孩子的表現很多時候都與父母無關。只不過因為是彼此最親近的人，離爆發點最近，受的傷自然最重。父母也是孩子潛意識中記得的，最愛自己的人。這種行為在外人看來，說不定是一種罪行，可對爸媽來說，頂多換來一陣嘮叨，可以逍遙法外。

畢竟，父母是世上最容易原諒孩子的人。

別動，別動不動

衝動、情緒化和壓力，再加上流行文化不斷地將「死亡」這個概念浪漫化，現代的青少年不時都會把「我不想活了！」掛在嘴邊，尤其捱父母罵的時候。

生性敏感的我是過來人，小學、中學日記滿滿的這些想法。但我深知死亡是一條不歸路，走上，就不能回頭了。

即使你暫時無法認同「父母好不容易將自己扶養成人」的想法，也別忘了，踏上不歸路，到時你就再也見不到你的偶像、你的好朋友，還有你的家人了。就算你有宗教信仰，自取滅亡是一種罪行，上不了天堂，或更好的地方的。

世界上就算有再不堪的，再不好的事情，咬緊牙關忍一忍就會好一些。時間或許無法將你治癒，但有時間的話，別人就能想辦法將你治癒。

送一句話給孩子們：今年再大的事，到了明年，就都是故事。

事後諸葛亮是最神的

只是還在學習為人父母的我們都不是滿分家長，很多時候也會像青少年一樣失控。我們總愛說：「我吃鹽比你吃米多，聽我的準沒錯。」錯，聽你的不一定對。因為我們不是他們，即使他們血液裡留著我們的基因。因為兩代人的成長過程全然不一樣。

我們成長時，考題沒有那麼難，功課沒那麼多；我們成長時，電視只有四個頻道，沒有社群媒體這回事；我們成長時，社會功利心沒有那麼重，當個文員也開心。

大人每天在承受的莫大壓力，其實青少年也好不到哪裡去。大人在工作上碰到一個難題，他們考卷上通通都是；大人害怕流言蜚語，他們更容易在社群媒體上受到惡言中傷；曾經大人當個文員也開心，摸一摸良心，如果孩子們真的只當了文員，你真的就會開心嗎？

沒錯，現代孩子是比做父母的那一代嬌氣，容易氣餒，對挫折沒有抵抗力。但公平點，青少年承受的除了自己對世界不了解的壓力，也承受著他們自己生活上的壓力，和上一代 —— 父母，賦予的寄望與期盼。

因此當少男少女在為某一些事情苦惱時，大人們就別急著說：「哎呀，這麼小的事，有什麼好大驚小怪的。」這樣的話不僅顯得很冷漠，而且還含有揶揄的意思。

當少男少女在一些事情上處理得不妥當時，大人們就別急著說：「哎呀，我養你這麼多年，沒想到你這麼沒有出息。」這樣的話不僅顯示你的優越感，而且還含有瞧不起孩子的意思。

做父母的，付出，應該是心甘情願的，不要以你的貢獻做為孩子必須成為品學兼優的滿分小孩的條件。父母既然是事後諸葛亮，就應該是最神的，應該知道青少年一切怪異的、惱人的、傷人的言談舉止，是一種求救訊號。

可惜這些事後諸葛亮父母，以為自己是過來人了，就只顧著用一張嘴巴說教，忘了自己有兩隻能夠聆聽孩子心聲的耳朵。或許他們說話的語氣很不好聽，更或者他們不是用說的，而是用喊的，但不要忘了，當一顆網球打過來，你要怎麼接、怎麼打，主控權在你手裡。如果球的速度很快，人的第一個反應就是怕它打在自己身上，會痛，於是想趕快要把它發射回去，忘了你其實可以讓球掉在自己球場裡，慢下來之後，才將它撿起，再想想該如何處理。

孩子吼你，你不一定要吼回去。你可以先等一下，等雙方都冷靜一些，再來好好聊。氣頭上的話總是最尖銳，最傷人。大人與孩子，你們真的想傷害彼此嗎？你們真的捨得家長與孩子都兩敗俱傷嗎？

謾罵，是一種很痛快的感覺。跟開快車、做高空彈跳一樣，都是多巴胺在作祟。但在逞一時之快之前，先深呼吸，緩衝一下情緒，想一想孩子身子還很小的時候，做父母的都必須彎下腰或蹲下跟他們說話。不要在有了人生的高度之後，就忘了從地面仰望天空的感受。

我們許多人都是一有不滿意的情緒就必須抒發的人。但抒發有兩種：負面和正面的回應。如今我的禮貌並不來「忍」氣吞聲，而是我懂得的「緩衝」。

可以理解的是，原本就不是很好的心情，很容易一瞬間就變得更壞了。

於是我們都會忍不住反擊。雖然我依然經常有這股衝動，但我設法會諒解對方也一樣不好受，而不是故意讓誰難受的。那一秒鐘，我會止住舌頭，把話吞回去。

惡毒的字句吐出來對誰都沒好處。現在的我會走掉，或甚至留下來對他微笑。或許我在他眼裡此刻不滿分，但我至少能讓他感受到今天是美麗的。

與其給人白眼，不如誠懇地給予對方一些幫助。感受到你的溫情，無禮的則有可能會為自己的行為感覺不好意思，收斂一些。

先從自己開始，用成熟的心智當緩衝，將原只會衍生更多負能量的負能量，轉變成正能量，說不定自己原本運氣很背的一天，會因此而變得美好。

而青少年們，即使我為你們的易怒行為找到了理由，不代表你們應該將它當作亂發脾氣的藉口。十幾年前，要不是你媽經過 20 小時的陣痛把你生下，你恐怕早已投胎轉世成為一隻跳蚤了。

孩子，從卵子受精之後，就不斷地從母體吸取養分和氧分，除了排洩物和二氧化碳之外不曾歸還什麼有用的東西給母體。出世以後，更是予取予求，不曾有過回報。這符合了寄生蟲的定義——以剝削其他生物個體並且造成損害來獲取自身利益。

也就是說，你們這些青少年（也包括曾經的我）都是一隻隻叫做「跳蚤」的吸血蟲，給父母帶來的，就只是一根一根的銀白色頭髮。

太快了，我對自己說。太快了，父母頭髮變白的速度。如今的我已經不是那隻寄生的跳蚤了，能為他們多做些什麼了，卻一直都鬥不過時間的流逝。我沒有那麼貪心，要求人生有個重啟鍵，但如果能有個暫停鍵也不錯，能趁他們髮變全白以前，多陪陪他們。

牽手

已經忘了自己有多久沒牽父母的手。大概自我懂事過後，他們就不再牽我的手了。一方面是放心，另一方面是因為他們都是很傳統的華人，不信擁抱、親吻這一套。要不是近年他們行動有些不方便，我還實在沒有太多機會去觸碰他們的手。

若要以傳統孝道來做定義，我恐怕是個不及格的女兒或媳婦。首先，我不和他們同住，不能時刻服侍或照顧他們。我也從來不每天給他們打電話，只有在想念他們時，會突然出現在他們家門口。我不會前一句「爸！」後一句「媽！」，也不會在吃飯前說：「爸媽吃飯！」但我會在用完餐之後自己動手洗碗。我不會天天為他們量血壓，叮嚀他們吃藥，而且要是被我發現不吃藥，我會毫不客氣地將他們臭罵一頓，然後帶他們去做體檢。我不會送他們什麼貴重的禮物，但我將他們的故事寫進了我的文章。就去年，我為母親寫了一篇叫做〈酒窩〉的專欄文章，作為生日禮物，要讀者們都知道她有世上最深、最美的酒窩，還有於 2015　年為他們寫的一本短篇小說集 ——《回不去的候車站》。

放手

對不少人來說，母親的定義就是溫暖的懷抱，家鄉的味道。但對我而言，我最常想起的是我母親的手。或許那是因為我遺傳了她的手，厚實的手背、粗糙的手心、短小的手指，我每次看著自己曲著手指打字的手，就會想起老家。

我這厚實的手背、粗糙的手心，也曾經是細緻、柔軟的。因為那時有另外一隻大手包著我握筆的小拳頭，像是一件外套，保護著我即將嘗試推動世界的小手。

當了父母之後，才了解到自己母親為何會嘮叨，為何會責怪。因為放手是如此不容易的一件事。我的手，曾經是孩子安全感的定義，是帶走孩子的疼痛的繃帶，是引導孩子走向世界的導航。

而如今我必須強制自己張開手掌，放開女兒，任她自己去探索世界。自己的一雙手，偶爾還是忍不住地伸向她，在空中懸著，準備隨時在她跌倒時接住她。

原諒爸媽有時會在你爭取到的自由裡徘徊，害你被朋友取笑；在你極力表現自主性時阻止你，讓你生氣。但爸媽何嘗不想完全走開，重新展開他們久違了的生活品質？他們走不開，不是因為他們想永遠地擁有你，而是即使放手，也永遠不會放心，捨不得放心。

暫停鍵

鄧養天：唱　小寒：詞　黃韻仁：曲

滿街綵燈，房裡無聲，好殘忍，好難忍。

有如風箏，風裡獨撐，感覺冷，不說疼。

我追求應得的偉大，還沒到達。

就無權承認我想家，就當懲罰，如何說實話。

多想按下暫停鍵，暫停時間。

趁你髮變白以前，待多兩天。

不甘只用雙眼，看看你的臉，照片已解不掉想念。

夢想按下暫停鍵，拖住時間。

無懼奮鬥前幾年，有所耽延。

就無須再重演，將不捨收斂，可惜我的心願遙遠。

小小城鎮，夢要成真，不許等，我得忍。

忍住陌生，儘管傷痕，根紮穩的精神。

你對我問你還好嗎，婉轉回答。

前功盡棄是你所怕，拒絕表達，彼此的牽掛。

若能按下暫停鍵，拖住時間。

就無論奮鬥幾年，苦也滲甜。

思念有增無減，在凌晨一點，惜我的眷戀遙遠。

筆記七

關於夢想：記仇的女生才勵志

有些人生來就得一把矮板凳

想像幸福是一串串從天花板懸掛著的，令人暈眩的彩虹色糖果，老師讓孩子們都搬來一把板凳把自己墊高，愛拿多少就摘多少。

天生條件就好的小孩，就有如站在教室裡最高的那把凳子上一樣，能很輕易地就搆著糖果，真的不需要努力什麼的。

但要是板凳比一般人來得矮的小孩，如我，就必須做出幾個選擇。

一、搶別人的板凳；

二、找東西放在凳子上把自己再墊高一點，但危險度也隨之增加；

三、找朋友合作，將你扛在肩上，搶到的糖果對半分。但這也很危險。

四、放棄搶到糖果的心願；

五、把板凳搬好，對準糖果，然後死命地踮起腳，伸長手。

猜我做了什麼選擇？

不是一。因為我不是那種搶人東西的小孩。我爸媽不是這麼教我的。

不是二。不是因為我不夠聰明。我早已想到，但觀察了一下教室，沒有什麼能讓我安全墊腳的東西。到教室外面瘋狂地找，只會浪費時間，因為找回來時或許糖果都沒了。

不是三。因為我小時候沒有很多朋友。況且我胖，誰願意被我騎在肩上？

不是四。因為我偏偏就是那種固執任性的小孩，看上的，決定好的，絕不那麼輕易放棄。

是五。正當同學們都在搶奪顏色鮮豔的糖果時，我會在心裡盤算，彩虹色的糖果和暗色的糖果味道是否一樣？我的答案是：一樣。於是我把專注力放在那些不起眼的糖果上，能摘多少就摘多少。

當然，有高凳子的小孩在摘完彩色糖果時，也絕不會放過這些顏色不好看的糖果，很快就會過來與你競爭。所幸，我懷裡已經搶先摘了不少，留了一些給自己，也與其他搶不到糖果的孩子分享。

如果我，人生開始只得一把矮板凳，但最終仍一樣能取得到糖果，那對板凳都比我高一些的孩子們來說，就更有希望了。如果一個原本條件就較低的人，最終能夠一樣達到幸福高度，夢想成真，我可以，你也行。

這就叫勵志。

至於那些明明已經擁有吃也吃不完，卻仍不想讓一點給你的高板凳小孩，我都會記得這份仇恨。除了在我內心潮溼晦暗的角落裡，「祝福」那個站得最高，搶到最多糖果的小孩，會經常得到牙醫的「青睞」，我不會計謀有天把你從高處推下。

我要記住這份「仇恨」帶來的討厭感覺，不准自己要是哪天真有了高板凳，也變成連自己不稀罕的東西都搶的人。

勤勞地伸懶腰

我爸媽的年代或許因為經歷過戰亂，總會以「安分守己」來教育我們。沒錯，安分地堅守自己的職位是很好的一種價值觀。但萬一我們深知自己更適合堅守別的職位呢？萬一，這個「職位」在二樓呢？這就算不腳踏實地了嗎？

安分就安全了，就有安全感了嗎？逆來，就順受嗎？

如果長輩們都是這麼覺得，為何總在我們小的時候要我們多喝奶粉泡的噁心飲料？要我們多跳繩？不就是希望我們能長高一些嗎？

不是安分守己嗎？矮就認矮吧。奮鬥做什麼？

那是因為人類筋骨裡要不是流著叫做「鬥志」的血液，我們這一身白皙的肉體在幾萬年前早被野獸給撕咬個稀爛，如何存活下來繁衍，子子孫孫一代傳一代？

所以我們這些矮板凳持有者就必須要努力向上！踮起腳還是不夠高嗎？那我們就要更用力仰首伸腰。夢想近在咫尺呀！

美國長壽劇《追愛總動員》（*How I Met Your Mother*）第五季中，就提出了一段愛情理論，說每一段感情都會有一個「伸腰者」（Reacher）和一個「彎腰者」（Settler）。

以身高比例來看的話，我們大概都會咬定「彎腰者」就是裡頭個子高大的馬修（Marshall Eriksen），而「伸腰者」是他嬌小玲瓏的女朋友莉莉（Lily Aldrin）。可是事實恰好相反，外表缺乏吸引力的馬修在這段感情裡是「伸腰者」，需要不斷地付出和討好，才配得上原本就已經很受歡迎的莉莉的愛情高度。莉莉最後會和馬修在一起，其實是因為她「彎腰了」，妥協了。

夢想也一樣，需要我們趁還年輕的時候，還幸運地無須為五斗米折腰之前，做出成為「伸腰者」和「彎腰者」的抉擇。那個看似高不可攀，觸不可及的夢想在你踮腳伸腰之後，說不定會變得靠近一點，但要是你在心裡已經認定它太遙遠，垂頭喪氣地認輸，那它就真的永遠遙遠。

伸腰並不意味著我們一定會搆得著自己的夢想，但至少「伸腰者」伸腰久了，人必定會長高一點，身手必定會敏捷一點。待下回有機會到來時，你能更輕而易舉地，將心願摘下。

練得一身好功夫，面對世界時，手腳真的比較好用。

絕望比希望更有正能量

有一年作詞班的學員問我如何走上這條文字創作的道路。我回了這兩個字：「絕望」，把他們嚇了一跳。

「老師，好大的負能量喲。」那一位學員說。

跟大家一樣，她感到很不解，因為一般認為，希望才是成功的推動力，而我這麼積極正面的人怎麼看都不像是會憑著「絕望」一路走來的人。但我確實是。

絕望才是真正的正能量。

相對而言，希望是一種你看不到，但覺得會發生好事的感覺，是毫無憑藉、毫無根據的一種瞎猜。絕望就不同了。你嘗試走上別人成功之路卻失敗了，於是你決定放棄，轉而將撤回的精力放在自己擅長的事情上。這如何不是一種正能量？

我真實相信，如果我是個滿分女生，再漂亮一點、再聰明一點、再有才華一點，說不定我會對我的未來很迷惘，因為每一個優點都會帶來希望，而我會總是盼望這些希望兌現，而不專心地東試試，西嘗嘗，甚至在原地踏步很久，到最後什麼都做不成。

少女時期，我腦海也曾閃過當歌星的念頭，畢竟我是中學歌詠隊的主唱，但所幸人人都說我不漂亮，臉太大，鼻子不夠挺，身體不夠纖瘦，絕不是唱片公司在尋找的滿分女生。於是我絕望地收拾好心情，開始從事流行音樂周邊的事情，例如寫歌。

所幸我顏值不夠高，連我也懶得欣賞自己。因為無須天天花幾個鐘頭照鏡子，練習化妝，或換髮型，我騰出不少時間來磨練文筆。

中學時期的我為了想變得更有異性緣，便冒出學吉他的念頭。我見到鄰校的男生一彈起吉他，就會有女生圍過去，便一廂情願地相信我只要能彈吉他就會吸引男生過來。所幸家裡經濟條件不好，付不起學費，我只好向隔壁班同學討教。

所幸我之前曾花過不少時間磨練文筆，被那位吉他小老師聽說了，就要求我替她譜的曲子填上歌詞，好讓她能參加全國歌曲創作比賽的中文組別。要不是那場比賽，我也不會得到我這一輩子，第一座閃閃發亮，上面還寫著「最佳作詞」的獎座，激發了我繼續寫詞的欲望。謝謝我的不夠漂亮。

高中時，我物理成績不好，但要是放棄這個學科，我就無法攻讀醫科。就在關鍵時刻，我那時還在世的外公的腳板動脈因受傷被刺穿，鮮血像噴泉流了一地。我愣在一旁一動也不動，差點昏過去。原來我怕血。當時我想：怕血的人是不能當醫生的，我放棄物理，將重心放在生物、化學和數學上，那也不錯呀。

高二時碰到一位魔鬼生物老師，學生每答錯一個問題就會受罰。我是全班挨最多罵的學生，也是少數生物不及格的學生。當時的她令我面子盡失，少女的自尊心被撞了一個大凹洞。我將這份「恨」懷在心裡，全面地自我反省，為何我的生物成績不及他人優秀？

自己一邊鑽研，一邊請教學長，終於悟出了一個適合自己的讀書祕訣，並在高中會考中考了個 A。所幸當時念醫科的希望滅了，我無須多做考慮就在大學時選修生化和微生物學，繼續享受念書的樂趣，念呀念地念完了榮譽學位。謝謝我的不夠頂尖聰明。

考榮譽學位時，我們人人都必須為自己的論文答辯。而我是唯一一個被講師批評人過於羞澀，口才也不好的考生。為了避免跟人多交談，我決定從事一份無須出外應酬的研究工作，可以整天待在實驗室裡。這份工作也能讓我專心攻讀博士學位。就這樣念呀念，我念完了病毒學博士學位，還當了六年的博士後科學研究人員。謝謝我大學時的不夠能言善道。

所幸我大學畢業後，經濟蕭條，找不到工作的我，在導師的介紹下，進入一所研究院任職，從事雞瘟病毒的研究工作。令人意想不到的是，從事科學研究反而讓我更積極地從事歌詞創作。

因為科學研究每天為我提供無數的靈感，刺激著我的大腦，樹立了一種從科學或其他生活概念深入淺出的寫詞風格，寫了一些奠定我作詞人地位的作品，如蔡健雅的《雙棲動物》、《達爾文》和蕭敬騰的《複製人》。

剛開始念博士時，我就發現從事科學研究工作有一個好處就是：培養皿裡細菌和細胞需要時間繁殖。我除了能趁機閱讀學術文章，還可以有時抽空想歌詞。我填詞的基礎就是那個時候打好的。念博士的頭一年，我為新傳媒的幾部電視劇寫了歌詞。

導師在電視上看到我為新傳媒電視劇寫的歌詞，還有我的本名出現，生氣了。他當時下令我不准再從事娛樂界的工作，因為我畢竟多多少少都算是個學者，涉足複雜的娛樂界有損形象。

但要不是他這麼堅持，我大概不會使用「小寒」這個筆名來發表之後的所有作品。「小寒」這兩個字好記又好念，還幫我隱藏起「填詞人」這個祕密身分。

原以為電視劇歌曲之後，我就毫無建樹，誰知不到兩年後，我終於在臺灣發表了我第一首歌詞 —— 阮丹青的《義無反顧》。這首歌還被選為電視劇《神鵰俠侶》的片尾曲。

誰會想到，一個念病毒學的新加坡英語學校生居然能為中文樂壇的歌手填詞？有人說，既然一早就喜歡，為何不一開始就念中文系，或去讀音樂，幹麼兜兜轉轉，浪費了十幾年的時間在科學上？

但我覺得這些都不算冤枉路呀。一條線，必須由不同的小點連起來。這個小點前面若沒有出現另外一個點，你又如何知道下一步應該面向哪一個方向，路應該通往哪裡呢？

所幸我念中學時，父母反對我念文科，因此中華文學不是我的專業，我深知自己的詞藻不如他人，便決定探索自己女性的獨特性還有細膩觀察力，用另外一種思考模式來說故事。中學和高中時期的我就已經積極投稿給報社。

我也不是不曾考慮重返文字工作的圈子。儘管我在高中學念理科，但畢業後，我申請了新加坡報業控股的獎學金，在中文報章部門裡實習。前輩們都對我很好，對我寵愛有加。但不知是幸運還是不幸，我在前往一份採訪工作時，遇到了暴露狂。母親擔心我這個在她眼裡還不諳世事的小女孩，要是當記者的話，必須在外日晒雨淋，被人欺負，於是反對我當記者。就這樣，我在念完大學後，沒有進入報社當記者，而是當了全職科學研究人員，薪水不高，但至少穩定。

當然，擁有一份職業的好處是，我無須靠寫詞來養家和支付房租。科學研究工作讓我在寫詞的世界裡能更自由地天馬行空。因為無須為了五斗米折腰，我可以選擇填寫我希望提倡以及喜歡的題材；因為無須為了五斗米折腰，我可以選擇不寫違背我自己意念和原則的內容。我秉持著能為不善辭令的聽眾寫出他們難以啟齒的心事，和為盲從的忙碌都市人提供不同視角的使命，堅持不懈。

捍衛自己所相信的，最終大家都會回過頭來看你，挺你，謝你。

即使能得到的邀詞機會並不多，至今發表的歌詞才大約三百首，出的書也才第四本，但起碼得到一些銷量、獎項，還有口碑上的肯定，也算留下了一點足跡，是沒有太多人會料到，一個念病毒學，從未上過中華文學和中文寫作課，口齒不伶俐的英語學校生所能完成的事。

我領悟到的是，你可以為了一個希望而鞠躬盡瘁，但死而後已也未必會成功，因為你偏偏就不是命運心目中的滿分學生、滿分女生。那是要繼續希望下去？還是乾脆來個絕望，將精力留給有把握的東西上？因為絕望斷了其他可能性，我無須花時間和精神去指望一些渺茫的事情發生。

睜著眼睛做夢，夢想才會成真，才會是真的。比如，我對自己外貌不抱任何希望，就不去奢求有錢公子哥兒的追求。因此，我吸引到的都是願意真誠相待的男生。還真謝謝我不夠漂亮。

有人問我，怨嗎？兩隻腳踩在娛樂圈裡，就算得獎，得到媒體還有觀眾的關注連觀禮的藝人都不如。但有問題嗎？不夠漂亮就是不夠漂亮，不夠出名就是不夠出名，別人不想關注你也逼不了人家。有什麼好難過的？

反正早就知道自己在娛樂圈的位子，不是前線，而是幕後，要人家來關注我的臉幹麼，喜歡我寫的歌詞就好了。我對自己的不夠漂亮，感到非常舒服。

人人心裡都有一個「封神榜」，都喜歡給別人貼標籤，封外號：「神童」、「女神」、「男神」，當然還有「神經病」。

大家的眼睛都被寵壞了，臉蛋、身材滿分的女生都被譽為「女神」，而外貌差一點的，都被冠上「才女」、「智慧女」的名響。就像媒體將樣子好看的藝人歸納為「偶像派」，外表不討喜的姑且給個「安慰獎」——「實力派」一樣。

我不醜，但要被歸為美女我還不夠漂亮。所以我可以很驕傲地說，我今天得到的一切成績、獎項，都是靠真本事和努力換取，沒有一樣是利用美色換回來的。我可以很驕傲地說，我前三本書，發表過的歌詞的銷量，都不是靠臉蛋撐起來的。這回，我將我的照片放在封面，是為了要讓大家記住了，一個女生即使生得一張不夠漂亮的大臉，也一樣能過得很好。在人群中認出我的話，別忘了跟我打招呼！

這輩子沒資格當個供人欣賞的花瓶，但當個墨水瓶不是更好嗎？至少能留下不可抹去的墨跡，至少能清楚記下「前恥」，不斷地提醒自己要向上，要令人刮目相看。還能在最後於別人的人生裡留下自己有用的故事和存在的痕跡。

我常想：如果我是一個天生樂觀、健忘的女生，我或許很快就會忘了家長怎麼管我，老師怎麼說我，同學怎麼看我，同行怎麼貶我。我大概會很快地就不當一回事，快樂地繼續得過且過下去。但所幸我不是。

認識我的人從沒用「小心眼」來形容我，我也不認為自己心眼小。我只是記性比較好，個性比較強。我「記仇」。

「記仇」不是「記得要報仇」的意思，是為了能「記得當下的那些哀愁」。如果我不記得這些不愉快的經驗，我或許無法設法去做出任何改變，我或許不會理解到，硬碰硬沒有好下場。

而報仇，則是在完成不可能任務之後，不再抱任何的愁。

「提拔」這件事

沒有人天生就想做你生命的壞人。依我看來，無論是誰，都是好人，都是「老師」。

任職的老師會翻開書本教你看世界；順職的老師會拉你的手帶你看世界；稱職的老師會問你難題開啟你眼界；盡職的老師會變成小人逼你練成新境界。

當然我們做人也不能只「記仇」，也要懂得「報恩」，尤其是拉我們一把的人。

幾年前，我在瑞士山上的馬路口發現了一隻蝸牛。那天陽光強烈，蝸牛的外皮都開始被晒得沒有滋潤液了。相信，牠在那裡很久了。牠慢慢蠕動在那用碎石鋪成的很粗的路面上，隨時都有被汽車碾過的危險。但這就是蝸牛，沒有加速的辦法。

晃眼看去，牠隨行的同伴們，早已被盲目的晨運者與司機給謀殺了，全都變成了一灘灘參雜著碎殼的糊狀物體。蝸牛背上的殼在原始叢林中，本是牠的家，也是一種防衛，防止獵者吞食。可是在這個住擠滿人類的現實世界裡，殼反而成為了甜蜜負擔，令牠寸步難行。

可蝸牛能怎麼辦呢？爬行的速度那麼慢，往自己要的方向，那似乎更美好的地方爬去，大概還需花上一天的時間；往後爬，回到自己最初的地方，也需要花上同等的時間。怎麼辦呢？進退兩難呀。

運氣。它需要一個好人，一個叫做「運氣」的好人，將牠從窘境中「拔」出來，「提」醒牠回到最初想去的地方，省下時間和力氣，也幫助牠逃離厄運。這就是所謂的「提拔」。蝸牛可取之處在於腳踏實地，埋頭往前邁進。可是這個圈子，誰都需要貴人，我們努力之時，不要忘了抬起頭向周圍的人打招呼，看誰能「載」你一程。

青春是一把不成形的黏土

成為夢想的「伸腰者」，要趁早，趁身體，還有意志力的筋骨還柔軟時，趁自己的個性還未真的成型時。我就是過來人。

20 歲之前的我，雖然已是微生物系的大學生，但性格比較像是一塊陶土，軟趴趴的，沒有形狀，必須任由歲月這位陶師的雙手捏製成型。說真的，當時的我也不太介意它會將我捏造成什麼形狀。我從來就無法預見自己的未來，不曉得自己用功讀書之後，考了個文憑要做什麼。科學研究生？老師？文員？

我小就不太確定自己究竟要什麼。小學作文《我的志願》每年都在變。那時的我既不懂該如何愛自己，也不懂得表達對別人的愛。思想天馬行空，追求精神自由的我，卻無奈被膽怯與猶豫牢牢地拴住。糾葛的結果就是一個敏感，自以為不被人了解的憤世、情緒波動極大的年輕女子。

所幸自己自小熱愛文字，在最無助時，開始探索繼續透過文章、歌詞發洩過盛的情緒出口。一張張寫滿各種想法的黃色信紙，塞得滿抽屜、櫃子和床底都是，自認頹廢又浪漫，漸漸地，文字創作從我的一個抒發管道，變成了一種生活習慣，到如今的一份職業。

所幸自己不斷地犯錯，不斷地被退稿。那些沒有被選中的歌詞並沒有被浪費。即使我不會將題材再循環，但我將它們當作引路的指標。寫詞的路上有很多陷阱，有很多爛泥。掉進去過，就知道以後不要再犯了。一首歌詞在中文專輯企劃會議上會不會被選中，和你有沒有名氣沒有關係，重要的是寫得好不好，感不感動，對不對大多數人的胃口。如今我依然會被退稿，但因為自己 20 年來的「前車之鑑」，如今寫中的機會已大大升高。

我感激生命所遞送過來的各種巧合、考驗。我就像是一坨黏糊糊的泥，要經歷過一場場煙火高溫，才懂自己究竟是爛泥還是陶泥。崩裂，還是成器，還真看這段時期。

雖然有時，我還蠻懷念那段還未成型前的青春，縱使掉在地上時撐不起自己的身體，但，至少不會像被烤成堅硬的陶瓷後，有著婀娜的體態，卻反而一摔就碎。但既然長大了，就要敢做。敢做，就要敢當，敢當就更要敢傷。

敢傷

蕭亞軒：唱　小寒：詞　都智文：曲

就不要再打，這電話號碼。

就算預感我在掙扎，能做什麼解答。

說過要瀟灑，卻問愛去哪。

要弄哭彼此才問我還好嗎，你疲不疲乏。

我敢愛，為何不敢傷。有情話，多少就有謊。

我很好，不用你幫忙。受點傷，淚水會淌也算正常。

我曾感動，如何不感傷，怎麼未來會屬於過往。

此刻我是勉強或者堅強，也想都不用想，散場。

還不懂裝傻，也不用盔甲。

愛個人沒那麼複雜，眼神，感受，表達。

拿愛沒辦法，世界不會垮。

但弄疼了我，卻問我還好吧。你都沒覺察。

我敢愛，為何不敢傷。勇敢的愛，不能模仿。

這一次痛，也不投降。受過傷，擦擦手掌，一切如常。

我曾感動感傷，誰教我太相信我們倆。

此刻我是勉強，或者堅強，也想都不用想，散場。

筆記八

關於放棄：只因氣球本來就承受不起重量

1 萬次的練習

儘管我們這些年都在努力挖掘新的創作人，仍有不少酸民認為我長年以來獨自壟斷了新加坡音樂的作詞這一塊，後來居上的對手得不到機會，因此我才能獨占不少獎項和好的案子。我並不否認我擁有的是時間優勢。

然而大家都忘了，在事業上能稍微做出一點成績的人，往往都是那些比其他競爭者韌性、固執的人。當競爭者都紛紛放棄，離開跑道的時候，剩下的，是不是那個「堅持不懈，從不言棄」的參賽者？

大夥怎麼都不想想，我比大多數本地在線上奮鬥著想出頭的作詞人出道得早。按時間長短來算，我早該放棄，或被淘汰了？那我怎麼還在這裡呢？這，與我堅持運動量不許超出自己能力範圍的道理一樣。我不接超過我能應付的案子，因為我不喜歡在非常匆忙的情況下寫詞。我不敢說，慢工出細活，但匆忙趕出來的作品肯定因為不夠時間思索，而不夠深刻。

我以自己的步伐來填詞，不去在乎誰比我寫得多，寫得快。就如我跑步一樣，速度從不超過一小時 9 公里。速度不快，而且會被許多人超越，但我一點也不會覺得緊張或難堪，因為持之以恆才是王道。我就觀察到，那些執意超越我的人，常跑不到 100 公尺就會上氣不接下氣地停下休息。反而，我一個人悠悠閒閒地從他們身邊經過，達到我原本就計畫好的行程。我清楚自己做事的本意是為了快樂，不是為了競賽。

不放棄就是我的祕訣。

被《時代週刊》選為全球百位最有影響力的人物之一的英裔加拿大作家葛拉威爾（Malcolm Gladwell）指出，面對困難和複雜的困境時，唯一的解決方法，就是花上 1 萬個小時，不斷地實驗和犯錯，終究會獲得解答，終究會變得熟練，因此獲得成功。

而我認為，宇宙是公平的。每一個人的成功和失敗都是對等的，也就是說，你們看到的，我的成功有多少，假設「1 萬個小時」理論是成立的，那成功或許會在 1 萬次的失敗後來臨。你們在失敗 1 千次之後就決定放棄，而我沒有放棄。那我是不是自然在 9 千 9 百 99 次失敗後，開始迎來本應屬於我的成功？

龜兔賽跑的寓意

師長們都喜歡在我們小時候說《伊索寓言》中〈龜兔賽跑〉的故事。長大以後，我越來越懷疑我們是否對它理解錯誤了。

首先，讓擅長游泳的烏龜來和擅長跑跳的兔子比看誰跑得快，和讓兔子在河裡與烏龜比看誰游得好一樣，有欠公平。伊索希望透過兔子輸了的結局來警告我們好逸惡勞的結果，卻也讓我們忽略了「主場優勢」這回事。每個人都各自有不同的特長，但競爭者被放在同一個賽事中時，對該項技能或者工作環境更為熟悉的人必定更容易勝出。

再來，〈龜兔賽跑〉的故事宣揚烏龜不屈不撓不休息的頑強精神。但長大成人之後的我不免認為，說故事的人其實不應該以烏龜作為正面典範，因為這種特質已經不適用於現今社會了，恆心有時還必須加入一些智慧才能成功。除了檢討兔子輸掉比賽的原因來自於牠的半途而廢，我們也應該探討兔子有什麼可取的地方。譬如牠應該如何利用自身彈跳能力讓自己看得更遠；如何能在休息時策劃接下來的賽程。我們也應該思考如何利用危機感來激發兔子（下屬、孩子）自身的爆發力，讓牠一路領先。所謂「愚勤」不如「智勤」，睜著眼做夢，夢才會實現，才能對抗現實。

被拒絕是一件好事

我深知，被退稿、被拒絕，有很多個原因。當然，我無可否認，其中一個理由，是因為我表現得不夠好。在提倡信心、自愛的年代裡，自愛、自信很容易變成自負、自滿。因此，被拒絕是一件好事，當頭一棒把自己打醒，繼續加倍努力。

被拒絕，也有可能作品不符合對方心裡的「標準答案」。一個團隊在開案時，都已擬定好每一個作品和人的定位和需要發揮的功效。但基於商業機密的緣由，你無法得知具體的要求。「蒙著眼睛射箭」，大多下場就是「不中」。

另一原因，是因為你們視角對不上。你的獨特之處、你的視野或許過於前衛、尖銳，對方在人生經歷上還沒到達你的等次，不懂得欣賞代表你的想法的作品。這種情況下被拒絕，也是好事，好過作品被不懂得欣賞的人糟蹋。

成功，是一個夢，也像一場夢，不真實。相反的，被拒絕，是一種現實，才踏實，才實在。我們都需要現實來定義我們的夢能否變得實在，是否能夠存在。

然而，被現實打槍的次數如果多得以上的三個原因都不能解釋的話，答案就只有一個：你不適合吃這行飯，不如轉行吧，放棄吧。

不成功不代表失敗，只是沒改變現狀態

我們花一輩子的時間和精力全力去爭取一種叫做「成功」的榮耀，最終達不到時，為什麼會覺得失敗，為何會覺得已經失去一切了呢？

「成功」的反義詞應該是「沒成功」。

你可能是一個天天鞭策自己練習吉他的人，最終目標就是能和偶像同臺演出。眼看遴選的日期一天天地逼近，你也跟著沒天沒夜地勤加練琴。

只可惜，你技不如人，始終都沒被選中。和偶像一起飆吉他的心願達不成了。遭到拒絕的你開始自怨自艾、自暴自棄，生活好空虛，就連倒影都看起來好失敗。

那你就必須問自己，自己究竟是為了吉他而彈吉他，還是為了偶像而彈吉他？有成功達成心願的話，是否會繼續彈吉他？如果會，那你又失去了什麼呢？不成功不代表失敗，只是沒有改變現在的狀態罷了。有什麼好氣餒的？

尚未成功不代表失敗。況且，你要如何認定自己成不成功呢？比昨天好一些，就是靠近成功多一點了，不是嗎？

然而我們都知道，要成功就必須專注於自己在乎的事情上，而專注就表示需要做出犧牲，犧牲就代表要放棄生命的某些人、事、物。

「如何知道什麼是該放棄的呢？」想必你會問。「要是全都是我想要的呢？」

一、當氣球承擔不了你的重量，所以它割傷你的手掌時

我在上一個章節說了：「絕望比希望更有正能量。」有時我們要求的東西太多了。一件事情上的不成功，不代表你在其他方面也一樣不會成功。

夢想是一個氫氣球。氫氣原本就屬於天空，向太陽飛去，自然不過。但我們是屬於地球的，往往必須腳踏實地。被你拴著的氣球必定是恨你

的，因為它每時每刻都想向著高處奔去，可你卻不停地與它對抗。

「你帶上的包袱太多了。」它說。但你搖搖頭，死命地撐著不放手。

於是它生氣了，趁三分鐘熱風吹來，用力地扯了一下綁在它腳底的繩線。一陣刺痛，你沒來得及反應，手掌被割傷了，氣球的繩線也染紅了。

這時你就要仔細想想了。

撐了那麼久，背負著這麼多的人、事、物，一路上自己默默地不斷替夢想打氣，你就真的捨得放棄其中一樣，甚至所有嗎？就為了你能跟著夢想往高處飛去？你放棄的，是否會在這個高度摔個粉碎，是否會在往後的日子怨恨你不帶上它們？尤其是當它們因為你，而領教到居高臨下的快感時。

可是氫氣球已經快支撐不了你的重量了，更別說是你身上那些包袱。再帶上包袱，氣球會繼續割傷你的手，也可能完全洩氣。到時你摔下來，受傷的就不止是你了。你，加上那些包袱，可能砸傷站在地表上，在你底下一直為你加油的人。

夢想並不是善類，它不會等你，也不會設身處地為你著想。它只會不斷地往前、往上。當氣球承擔不了你的重量，所以它割傷你的手掌時，你必須當下決定，是否要卸下一切，跟隨它去到一片它承諾的海闊天空，還是留在原地，陪著你那些被夢想嫌棄的——「包袱」。

我這輩子放棄的，很多。玩樂、休閒和物質的，都不足掛齒，不提也罷。攻讀博士學位快畢業時，我收到了兩份工作邀請：一份來自英國一所著名大學，另一份則來自紐約州長島的實驗室。一直都期望能到外國實驗室工作的我，簡直樂瘋了。可是我花不到一天就做了決定。我哪兒都不會去，我要留在新加坡發展，陪陪我的爸媽，陪陪剛把我娶過門的男人。這件事我一直都沒有向他們提起。

後來女兒誕生了，我自覺在實驗室裡這樣子斷斷續續地工作，對主管不公平，對家人也不公平。於是我辭去了研究所的工作，暫時掛起了自己的白袍，暫別科學研究，全身投入中文文字創作。都快九年了，我腦海雖然不時會想起科學研究的日子，好奇若當時繼續緊捉住科學研究的繩索，結局會如何。但我不得不正視，為「肺癌找出治療方式」這個夢想的氫氣球，早已飄走。儘管要追回不是不可能，只是想不想的問題。

然而，人生當中，放棄的，還不止是夢想，還有人。

二、當氣球嫌棄你的手髒，所以它割傷你的手掌時

但說實話，我還真的很難如預期般瀟灑，EQ 離滿分還遠得很，不可能每次受傷後都能若無其事，更別說處之泰然。別人傷我還容易些，因為我脾氣像個鐵鍋，容易沸騰，也容易冷卻。只要知道另一個人的行為並不無苦衷，我很快就釋懷，原諒他們。

但要是是我做錯了什麼事時，我的良心譴責就會像導彈一樣搗蛋，我走到哪兒，它就追蹤到哪裡。逼著我不許輕易放過自己，即使對方已經原諒了我。

做錯事，你可以實行四步驟：一、馬上道歉；二、承認錯誤；三、馬上想辦法解決問題；四、不許再犯。

但有時對方可能被傷得太徹底，更或者我們這次犯的錯無意中喚醒他某個傷口，他會選擇逃跑。結果我們的關係就像手握著氫氣球一樣，一個想離開，一個想將他留下，持續拉扯著。

氫氣球這時受不了你的五隻手指還握著它的尾巴，還跟它有那麼一點的聯結。它受不了你還在它的周圍。於是它開始故意用力地扯著它跟你之間唯一的關聯，故意讓這條銳利的線割傷你的手。當氣球嫌棄你的手髒，所以它割傷你的手掌時，你就該放手了，放棄了，它就能趁機飛走了。即使它根本就沒有想過要飛到天際去看世界，即使它知道它最有可能落腳的地點，是在某個公園的老樹上。

如果這是它要的，那我怎麼做都挽回不了。我會揮一揮我那隻流血流到手肘的手，把苦笑裝進微笑裡，緩緩走開。

三、當你跳進黃河也洗不清，因為水太髒了時

不輕言放棄的我，會在另外一種情況放棄。

那就是當事人被謠言矇蔽的時候。嘴巴是別人的，愛怎麼造謠，什麼時候說謊，你要如何及時捂住對方的嘴？從前我會嘗試逐一地去訪問，去解釋。但經過這些年，我不了。

人說：「跳進黃河也洗不清」，但我連跳也不會跳。首先，我不諳水性。

其次，黃河經過的區域，都把排水口的汙水直接傾瀉入河了，使水面髒臭不堪。再說，黃河泥沙含量很高，渾濁多，要在裡面洗個清白，恐怕不太可能。

這個世界也是如此，穢德彰聞太多，能見度太低。

四、當照亮前方的手電筒，身旁的人依然處在黑暗中時

因此我並不知道，也不在乎別人是否覺得我善良。但我所知道的是，我就算曾經做錯過什麼事，或搞砸過什麼事，絕非是故意策劃的邪惡計畫。我沒有那麼聰明。

然而我發現，原來大家都不會在乎在你是否為他們做過 1 千次的偉大犧牲，只會因你做錯的一件小事而把貶為千古罪人。

曾經我也不斷地替別人策劃事業，為了他們的成功而快樂，為了他們的落敗而介意；為了他們好看，找人替他們置裝、拍照，哪怕我這個前輩看起來像個跑腿多過於老闆；為了他們的名氣，我天天在網上搜尋引擎中輸入他們的名字；為了他們的虛榮，我藏起了我的自尊，還有本職。

我差點忘了，我的本職是寫歌詞。我放棄了科學研究，犧牲了與家人共處的機會，騰出來的時間，本應用來寫詞，但結果我卻忙到連本職都無法勝任。

有多少次，孩子跟她爸為了讓我能跟他們一起用晚餐，在路旁等了又等。他們不見我的蹤影，只接到我一則又一則的簡訊：「就快好了，再等一下。」

傍晚應該結束的工作，拖延到晚上 10 點。公司人手不足，我走不開。在一則抱歉簡訊之後，老公就再也沒回我了。待我完成工作之後，去到他們等待的地方時，他們早已離開。回到家時，大家都已經熄燈睡著了。我拿著手電筒往睡房走去。

黑暗中，結髮多年的男人冒出了一句：「值得嗎？」

我無法回答他。因為我以為指引後輩 —— 傳承，是不求回報的。

直到我發現，原來好多人都會在小有名氣之後，認為成功是他自己優秀，不成功是因為帶他出道的你這個前輩太差勁了。

「值得嗎？」我耳邊響起男人所說的那三個字。

第二次手持手電筒走回房間時，我才猛然發現，當你握著手電筒在為別人照亮前方的路的時候，留在自己身邊的重要的人，反而會被黑暗籠罩。蠟燭就不一樣了，其微弱的火光或許不能為許多人照亮前途，但身旁的人卻能在有點光牽引的同時，跟著取暖。

五、當你感覺累了時

只能說，對於生命中的某些事和某些人，我們真的盡力了，但我們累了。而累是正常的。

想像身體是一個巨大的工廠，擁有 60 兆叫做「細胞」的「技術人員」。他們每天 24 小時不停地運作，每一秒鐘都在負責傳達訊息、輸氧、分解、修復、清理外來細菌、接送配體……不眠不休。每個工人的工作量如此驚人，尤其是大腦的。大腦每天所消耗的氧氣和能量自然比其他器官來得多，所以要減肥的姐妹們，每天努力思考多一些，能燃燒身體裡高達 25% 的卡路里。

大腦像一臺 24 小時不停地運作的超級無敵電腦。從你母親的卵子被你的父親的精子受孕之後，你以胚胎的形態開始存在於這個世上的第五至六星期開始，直到你呼吸停止，大腦終於能關閉前的整個期間，大腦每天每時每刻都在處理著大量的資訊輸入，同時控制身體系統正常操作。換成是真正電腦，恐怕早已出示 404 錯誤頁面。

累了，就必須休息，尤其當一切都不值得的時候，繼續撐下去的話，你恐怕會出現藍色畫面當機。如果放棄是你唯一能夠用來休息的方式，那就接受它。休息是為了讓你的大腦在你呼呼大睡之時，能夠把亂七八糟，沒有用的去掉，讓你好好地思考接下來要怎麼走。

休息不只是為了走更長的路，也是為了策劃如何更快地抵達目的地，要如何跟上別人的節奏。

掉拍的節奏

梁文音：唱　小寒：詞　張簡君偉：曲

你腳步的回聲，劃破了清晨。

我藉故說怕冷，不送你啟程。

我抿著我的嘴唇，瀟灑或愚蠢。

不捨也不承認，要把夢完成。

曾愛把我額頭，靠在你胸口。

你主動挽起袖，為我擦淚流。

我們什麼時候，剩下尷尬問候。

錯過了你之後，打亂心跳要疼多久。

我不能要求，要你遷就。

感情已跟不上彼此所有。

掉拍的節奏，你從此自由。

我道別的時候，全是冰雪氣候。

說再見的前後，有沒有人懂我掙扎多久。

我猜這地球，持續轉動不為誰甘休。

掉拍的節奏，勉強不如鬆開手。

筆記九

關於事業：成功在你無可取代時

成功在你無可取代時

亞洲流行一種非常不健康的風氣，那就是職員越忙，老闆越滿意。職員看到老闆滿意，就以為自己會在員工評核報告中得滿分，就算不能平步青雲，升官發財，至少能永久性地保留這個鐵飯碗。

可惜在老闆眼裡，只有「勤勞職員」，卻永遠也不會有「滿分職員」。要是有一天公司出現赤字，必須實行財政政策，那個不眠不休，工作態度滿分的工作狂職員，依然還是會被裁掉的。

與其盲目地瞎忙，或故意讓自己看起來很忙，不如讓自己成為這個公司、這個產業，甚至這個社會無可取代的寶貴資源。如何才能無可取代呢？首先，先確認自己是獨一無二的。

每個人生來就是獨一無二的，就連擁有相同的外型，幾乎相同 DNA 的雙胞胎，也仍擁有不同的指紋。科學家說，胚胎的指紋會在大約 6 至 13 周左右形成，形成的原因據說和手指皮膚接觸到的羊水有關。即使兩個胚胎在同一個環境中一起生長，誰也無法主宰兩人的手指何時、如何觸碰到羊水裡的什麼物質。

這世上，根本沒有兩個人是一模一樣的。你，不僅是限量發行，更是全世界唯一的版本。

打造一個叫做「你」的品牌

儘管如此，我們還是在必須在人生、愛情，還有職場上維持自己的獨特性。獨特，才能無可取代。就那麼簡單。

首先，你必須在念中學的時候，趁周圍同學還搞不清楚自己喜歡吃炸雞腿還是炸雞翅的時候，就弄明白自己喜歡什麼，自己擅長什麼。最重要的一個問題是，你這一生願意為了什麼吃一輩子的苦？

如果你的答案是：「喔，我要當護理師，因為我想幫助生病的人。」那好，恭喜你，你這一輩子就要不斷地承受別人在你身上嘔吐、替人包紮潰爛的腳趾頭的同時，不停地進修。你從現在開始就要學習如何照顧別人。

如果你的答案是：「喔，我要當攝影師，因為我想捕捉生命的美好片刻。」那很好，恭喜你，你這一輩子就要不斷地背著沉重的相機、日晒雨淋跪在地上、爬上屋頂取景的同時，研究如何更好地利用電腦修圖。你現在開始就必須了解攝影並不是隨意拿起個智慧型手機，隨便拍一下這麼容易。

如果你的答案是：「喔，我要當吉他手，因為我喜歡音樂。」那也很好，恭喜你，你這一輩子就要不斷地忍受手指破皮流血然後長繭、長繭後又再次破皮流血的同時，訓練自己手指撥動琴弦的速度。你現在開始就必須拾起吉他，開始練習彈奏各個不同的和弦。

你想要你的人生有什麼結果，就必須先考慮自己是哪一方面的專才，然後在你的專業裡提供另一個能令他人改觀的角度。你必須專心，思維清楚，立場不動搖，並且擅長拿另一種立場來做對比，突出自己的與眾不同。你必須對自己要求三高：高品德、高效率、高滿足感，同時設法理解顧客的需求與喜好。你在顧客與同事面前表現人性化的一面時，其實也在打通人脈，將人脈轉化成你的資源。人脈包括支持你的朋友、互利的朋友，還有社群裡的朋友，他們有些將成為你能動用的資源和你老闆以為你能動用的資源。

無論是以後你打算創業還是安於替一家公司工作，你都要打造你自己，讓你的名字成為一個獨一無二的品牌。在那之前，你必須先做好以下三件事：

一、設立好你的形象與代表性的標誌；二、趁早行動；三、成為少數。

一、標緻不如「標誌」

我自小就長得很「標誌」（請看清楚，不是「標緻」喔）。我右臉下巴有一塊新月形的褐色胎記。我媽她怕我傷心，就在我懂事之後，騙說那是她在餵我喝巧克力飲料時，不小心沾到的，洗了很多次臉還是洗不掉。

懂事之後，我難免會為自己臉上的缺陷而感到自卑。我很懼怕別人會因為這個胎痣太過突出而排斥我。我喜歡能融入人群，於是跟人面對面時，我總是托住下巴，假裝思考，為的就是不讓別人看到我臉上的缺陷。我甚至一直用大的力度擦拭臉孔，搞到下巴又紅又腫的，儘管我非常清楚胎痣是去不了的。

這情形一直維持到中學時代，看了一部叫《包青天》的古裝戲為止。我特別對那位叫做包拯的其貌不揚的黑臉老伯伯，感覺親切，因為我們臉上都同樣有個新月形的印子！只是他的在額頭正中央，我的則在右下巴！

演員金超群演活了包青天之後，也有不少新版本的出現，老的、小的、卡通的都有。但觀眾扭開電視機一眼就認出那個黑臉、額頭中間有一輪新月的包大人。「黑臉」加「新月印子」就等於包青天！

原來，每個鮮明的故事人物都有特定的標誌，比如超人的紅色披風，外穿紅內褲還有胸前的「S」形標誌，米老鼠的紅色短褲、諸葛亮的白羽扇……我猜想，我這個人嘛，長著一張大眾臉沒什麼特別的，所以媽媽生我時給了我一個特別的胎痣，這樣大家就容易記得我了！

這就是標誌的重要性。它可以是一個人長相上的特徵，他的口頭禪，或他處事待人的方式；它也可以是一種產品的外型包裝、口味或功能；一個品牌的服務或市場定位；一個藝人的形象和故事。

貓王、麥可傑克森、披頭四等經典都算是音樂世上外型、聲線和作品都突出的難得一見的傳奇性藝人。之後的藝人如瑪丹娜、女神卡卡、蔡依林和羅志祥的成功在於形象怪異，絕對引起注意；有些歌手贏在聲音辨識度上，如愛黛爾、克莉絲汀（Christina Aguilera）、張惠妹和林俊傑；有些則勝在故事與觀點，如泰勒絲、凱蒂佩芮、田馥甄和陳奕迅。

比起這些天王天后，我真的不算什麼，不過一個小小文字工作者，不是最好的，也不敢期待大家給我寫出來的歌詞和文章打滿分。但我寫作的事業少說也有 20 年之久。我很慶幸自己有這般運氣，但也不無時刻把這個幸運歸功於自己之前的科學研究生涯職業：在念大學時多「採集」的科學知識；在念病毒學博士期間所「添置」的研究精神；在博士後從事肺癌研究時所「開發」的逆向思維。再加上學醫的女性歌詞創作人並不多，剛巧促成了我獨特的創作風格：我在感性淒涼題材裡加入理性和樂觀，在文藝氣息頗重的字句間加入科學元素。其中一些作品包括蔡健雅《達爾文》、陳奕迅《孤獨患者》、那英《長鏡頭》。這也是中港臺歌手在邀詞時沒有把我這遠在彈丸小島的英語學校生給忘記的原因。

二、時間的優勢

雖然長輩們都會說，凡事只要盡了力，就算成不了第一，也算是一種成功。我不贊同。

沒錯，成功無須成為第一，但絕對是要成為第一個。

因為當你成為首創者之後，接著下來每一個，無論是否有意抄襲，都頂多是個模仿者，很難超越你。這就叫「先進者優勢」(First mover advantage)。

華語流行樂壇像裝滿水的浴缸，往裡頭倒入上千隻黃色橡皮小鴨，就像每年發片的歌手一樣多。最先出道，最先找到屬於自己位置的歌手，打從一開始就已占滿水面，之後出道的，或擁有相似定位、形象和故事的新歌手都只能屈身於前輩下面，很難冒出水面，很難被世人看到。他們必須等上面的橡皮鴨子被刻意打撈起然後丟棄，或因為某種因素下沉，才等得到歌壇的一席之地。

周杰倫就是最明顯的例子。他並不是華人女生心目中典型的花美男，也不是男生崇拜的陽光男孩。他眼睛小、駝背、一頭蓬鬆的頭髮、咬字不清，但他首創的半唱半念的嘻哈中國風，襲捲了整個華人地帶。他從一個毫不起眼的音樂創作人，一夜躍身為眾人推崇，一個叫做「周杰倫」的品牌，還有其他歌手「參考」的對象。留意華語歌曲的讀者大概不難發現到周杰倫發行第三張專輯的同時已經有一籮筐的歌手、團體在詮釋嘻哈中國風。也難怪他一氣之下，寫了《紅模仿》這首歌。

實際上，作為第一個嘗試這種曲風和形象策略的藝人，是無比艱難的。首先將東方中國風歌詞與西方嘻哈 Rap 的風格結合，做得好是創新，做不好的話就變成四不像。再來，因為少人做過，資源，如懂得製作這類曲風的華人不多，請洋人來做耗費金錢，而且對方也未必了解詞意。不符合典型唱片歌手的形象包裝也是專輯宣傳的一大難點。

正因為難，正因為幾乎沒人做過，正因為當世界流行的走向正在向右走時，他和團隊選擇向左走。當人群正蹣跚地掙扎著往同一個方向前行時，周杰倫一夥人逆著流行，反著方向走過無人的寬敞街道。地球是圓的，他們很快地就在人群面前，而人群也頓時就看到了他。他已經在大家前頭了。「嘻哈中國風」的定位，非周杰倫莫屬。

他算是一個奇蹟，是歌迷的勵志故事典範，但更重要的是，他是第一個，有的是接著下來即使再優秀、再俊美的歌手想超越也推翻不了的「先進者優勢」。因為接著下來隨著每個新歌手出道，大家都會想起、提起周杰倫，甚至拿新人跟周杰倫比較。人們會隨著時間越來越對周杰倫熟悉，這就是早出道的歌手所擁有的「時間優勢」。

三、大樹的少數

無論我們從事文字、音樂、藝術、餐飲、文書、醫療、法律、經濟、教職或千萬種其他職業，有沒有發現，我們做什麼事都必須接受，並忍受別人的評價？這是沒辦法避免的，畢竟消費者付出了血汗錢來換取你的作品或服務，對方絕對有表達看法，說說自己的用後感的權利。讀者、聽眾、顧客、食客、乘客、客戶、病人……再怎麼堂皇的名稱，消費者就是消費者，我們需要他們的金錢來維持我們所從事的產業。消費者是任何一個產業的衣食父母。

但消費群是固定的。再怎麼評論，他們始終都需要你的產品和服務，只不過是從這家跳到另一家罷了。這就造成了競爭。

大多數的品牌都採取用藝人代言、砸錢買廣告等行銷策略。但其實這些都可以省下，如果你是「一棵大樹」。

根據管理學中的「大樹理論」：一、創業要趁年輕，比人家早扎根，自然比別人早長成大樹；二、要堅韌不拔，堅立不移；三、把根基打好，人脈打通；四、努力向上；五、心向光明。

現代年輕人所追求的專案項目太過一致，全球每過一段時間就會掀起一股創業潮流。之前是網路公司，因開始的那些成功被大企業以天文數字的經費買下，激起其他年輕人效仿，促使網路公司如雨後春筍一樣冒起，相互競爭最終落得倒閉；近期則發現，網路服裝店到最近的咖啡廳，一窩蜂地，一間一間地開再一間間地倒閉。

即使你有許多同行，而你也不算是最好的，但如果你的根扎得很早、很深，是那棵最早就埋下種子的樹，那你就勝在時間的優勢上。你的根會在你拚命生長時，將圓周內泥土裡的水分和養分吸收，導致在你長成大樹後，在你周圍的，種子才埋下的小樹們根本不夠水分和養分好好地生長，即使勉強生存下來，已經是大樹的你在葉子吸取陽光的同時，為你腳下的小樹製造了一片黑暗。小樹在你不斷製造的隱蔽的環境中，得不到陽光的照射，很快就死了。正如你的品牌氣勢磅礴時，所有小品牌根本沒有立足之地一樣。

正所謂「前人種樹，後人乘涼」，但有時難免會懷疑，前人種樹留給後人的，究竟是陰涼還是陰影？

很多家長以為讓「孩子贏在起跑線上」的意思就是要他科科滿分，考進世上最權威的名校。但其實這想法太狹窄了。世上會讀書、擁有考試竅門的孩子多得是，進了名校只能確保你以後在社會裡可以有更多就業的機會和選擇，但離「成功」遠得很。替老闆賣命工作數十年，得個什麼全勤獎，在公司經營不當倒閉之後，你就只是另外一間公司徵聘時，一位起薪要求非常高的老應徵者，如何跟剛畢業、充滿活力、起薪要求又低的年輕人競爭？

一整片林子的瘦瘦高高不堪一擊的樹之中，最早扎根的大樹依然必須繼續從更深的土壤裡吸取水分和養分，力求長得更高，獲得最多陽光，才不會受到競爭者的衝擊。也就是說，即使你目前在一家很有聲望的公司上班，這不表示你就可以憑著自己事業的高度自滿、怠慢下去，而是要展現堅韌不拔、不恥下問、自強不息的精神，並且保持樂觀、正面的形象，讓同事們都喜歡你。誰敢保證他們以後不是你的新老闆？

我們擁有的，不該是我們的工作頭銜而已，而是「我們是多不一樣的人類，能夠提供多不一樣的服務或產品？」的感念。

專業的不專業服務

曾經我們都會取笑樣樣行，沒有一樣精的孩子，認為他們長大後沒有出息。但 90 後的孩子才華橫溢，不僅學業成績好，藝術、體育樣樣都行。只不過，他們並不符合，也不想附屬於任何一種傳統職業框框。不是專科畢業生，但不表示他們就不是人才，因為他們擁有豐富的想像力和創造力，想征服世界的魄力，勇於在各個不同領域做嘗試。

一個懂得設計網站、會使用社群媒體兜售產品的年輕人，不一定不比一個經驗豐富的市場經理吃香；一個念過心理學、懂得輔導的家庭醫生，不一定不比一個倚老賣老的受歡迎；一個懂得彈奏多種樂器，也會主持的歌手，不一定不比一個只會唱歌的，容易得到現場表演的邀約。

傳統職業的描述已經不適合現代的社會結構了。是節省開支也好，是顧客要求日漸怪異也好，要成為各個公司互相爭奪的員工，我們就必須18般武藝樣樣行，提供多元化服務。

《紐約時報》專欄作家瑪西·埃爾博爾（Marci Alboher）於2007年出版的書中提到「斜槓青年」。這些身懷多種技能的年輕人，一個人能獨立提供多項服務，一個人也就是一支隊伍。他們重視創造性和靈活的工作時間，不再嚮往當大機器中的一枚螺絲釘，而是能獨當一面的一把螺絲起子。

來舉例一家傳統布料批發的公司。從前這家公司會聘請的都是典型的職員，如會計、行銷人員、貨倉工人等。然而公司若要與時並進，聘請一個中學加入攝影社、高中念過服裝設計和人文歷史、大學念經濟學，閒暇時間編寫電腦程式的年輕人來當行銷經理，能幫助公司擺脫「恐龍」產業。

這位擁有經濟學學士的他絕對知道要如何促銷你的產品。他也因為自身的興趣，非常願意利用他的攝影技巧幫你的布料拍攝一系列藝術感十足的照片，上傳到他幫忙編寫的新網站上，再利用他對各個國家和文化的服裝的認識，對各種布料進行解說。他有服裝設計系的老同學，說不定即將成為你的顧客。

這樣的職員對有世界觀的公司來說，非常珍貴。如果有一天產品沒了，你所具備的一切才華，也依然會受到賞識。

你的價值不在於你做過的，而是你能做的。

做一個有真本事的網紅

你的價值不在於你做過的，而是你能做的。

但偏偏世上就是有一群什麼技能或才華都不算出眾的年輕人，被大家視為「珍貴」的「網紅」。他們可能因為長得很帥、很美；拍過、做過和說過某一樣聳動的影片、事情和話，引起了網路上千萬青少年的注意，轉而透過社群網站關注他們。關注者有所不知的，自己剛成為「網紅」去和大廠商談代言的籌碼。關注者數量越大，廠商願意付的價錢就越多。要請一位擁有 1 萬關注者的「網紅」上傳一張穿著你品牌的小洋裝的照片，價碼很有可能從 500 新幣起跳，關注者翻倍，價錢也就跟著翻倍。

不清楚他們其中一些除了很懂得搔首弄姿、罵一些髒話、翻唱一下當紅歌手的歌、「借用」名人的名言之外，這些「網紅」還懂得做什麼嗎？如果妳化妝術了得，能將自己從醜女變成美女，那好，我為妳鼓掌；但如果妳記錄的是妳透過整容將自己從醜女變成滿分美女的過程，或炫富，那我就會很瞧不起妳，因為妳空有原本能夠鼓勵青少年向上學好的影響力，卻在鼓吹這種歪風，為自己賺入一疊疊的鈔票和免費好康。

希望自己變漂亮，或生活品質變好，並沒有錯，擁有經濟能力和獨立思考能力的成人大可以自我考量要不要做。但當你所能影響的對象都是一些乳牙都還沒掉完，缺乏想法的青少年時，你就是萬惡之首了。你除了打擊他們的自信心，還製造了一個萬事都能有捷徑可走的假象。

不過我並不太擔心，因為要成為「網紅」是一項不怎麼考驗真功夫的「職業」。容易的工作，競爭者就會多的是，年輕的「後浪」很快的就會掀起另一股熱潮，將你淘汰掉。根扎得不深的樹，不僅長不高，無法和其他的樹爭奪陽光，也很輕易地一推就倒。

廠商也不是白痴，他們逐漸會發現，在這些「網紅」身上擲了幾萬塊代言費之後，這種產品推銷方式根本就不會奏效，因為：一、這類型「網紅」的追隨者通通都是沒有消費能力的小孩；二、和這些沒有內涵的「網紅」扯上關係，毀掉的是你自己的品牌形象。什麼樣的「領導者」，就會吸引什麼樣的「追隨者」。

廠商們最後依然還是會回到真正有本領和一份正當職業的「網紅」，如運動員、歌手和演員身上。他們雖然是貴一點，但畢竟不斷有作品問世，而消費者都懂他們的故事，是比較「有料」的產品代言人選。

雖然我們大多數人一輩子都不可能被什麼廠商相中，但我們依然能憑著我們微弱的力量，去影響我們周圍的人。

如果你幸運能夠成為名人，得到普羅大眾的關注，你希望是以你罵髒話的速度，還是以你認真的工作態度以及優質的作品聞名？

管理時間不如管理精力

可惜的是，我們能做的，往往比我們想做的，來得少。都市的步伐節奏太快，我們為了能圖個好生活，不得不一下子完成很多事。「沒時間」三個字，總結了我們小市民的生活狀態。

若連我們這些小市民都庸庸碌碌忙壞了，那大企業的大老闆們怎麼辦，豈不三頭六臂？恰好相反。我就看過好多企業總裁、億萬富翁的報導，他們受訪時都有同一個說法：「如果你忙碌不堪，那就表示你的工作效率很低，是在用蠻力而不是頭腦工作，必須被裁退！」

但我們不是非得「今日事，今日畢」嗎？這句頗有節奏感的口號在我們入讀小一時就將我們洗腦，結果搞到自己開始的時候差點精神衰弱。

讓我這個只有一雙手，但每天都要寫書、寫專欄、寫歌詞、打理公司、打掃家裡、教導下一代作詞人寫歌詞、教孩子讀書的現代女性來告訴你，要在今天完成所有的事情是絕對不可能的。

你大可選擇管理時間，把所有應該完成的事情按照時間表來做。但有專家指出，人類每天頂多真正擁有 5 小時的生產力。

想像你有一件耗時的重大事情必須在午夜前完成，而剛好你就只有晚上那個時段有空餘的時間來完成。但忙了一整天，即使到了晚上有空暇時間，你的精力也已經所剩無幾。

比起管理時間，你或者更應該學會管理自己的精力。學會盡量達到自己的能力範圍內的最好，而不是別人眼中的滿分。

我們一天當中最有活力的時段，就在剛睡醒之後。因為在睡眠期間，大腦的神經膠質細胞精心進行了大掃除，將那些於前一天所製造的億萬種毫無重要性的回憶去除，騰出空間進行思考和製造新的記憶。

把最重要的事安排在睡醒之後，就能達到最好的效率。重要的事情處理好，也是成功的要素之一。效率，也將會是你在職場上無可取代的一個武器。

用心、用功都是騙人的，因為我們辦事時，是在用腦。認清這點，我們就可以整裝待發。

整裝

蔡淳佳：唱　小寒：詞　蔡淳佳／黃韻仁：曲

陀螺會原地旋轉，是因為只願轉彎。

期盼，一貫，習慣的安全感。

你我在原地打轉，是怕夢來到尾端。

不安，宣判，歸還回熟悉感。

原諒我不乖乖待在你身旁。

世界好大我要出去闖一闖。

這樣才是我，我整裝待發。

為真實的我，我盛裝出發。

滴答，滴答，滴答，的對答。

是我心跳的步伐。

這樣一個我要整裝待發。

謝謝你愛我，感動多奢華。

滴答，滴答，滴答，不複雜。

堅持的人因為傻，能到達。

水能治癒和保暖。

也能堆砌出海岸。

冰川，血汗，包含的是勇敢。

筆記十

關於善良：善良的女生才閃亮

頭上有光環的不一定是天使，也可能是修電燈的

這是整本書最難寫的一個章節。過了不惑之年的我，依然很困惑，也搞不清楚，善良是什麼？我更不清楚的是，自己認為的善良，符不符合其他人的想法？

那是因為我發現，大多數人對「善良」兩字的定義跟我的不一樣。

許多男生都認為個子小小，外型可愛，愛將小動物捧在手裡，或向盲人購買紙巾的滿分女生，就是名符其實的善良女生。

然後他們就會瘋狂地愛上這樣一個女生。之後，就再也看不清她的真面目了。

左瞧瞧，右看看，周圍倒是不少這類型的女生，不是嗎？兩顆水汪汪的大眼眨呀眨，舉止孩子氣、說話嗲嗲，活像個日系動漫走出來的女主角，搞得大家神魂顛倒的。而我們這些外型比較像胖虎，卻真實在辦事的女生則被晾在一旁，繼續幹粗活。

大家也沒想過外型可愛的女生性格未必一定是善良的嗎？但無論怎麼辯駁，不得不佩服這些嬌滴滴、舉止幼稚的女生的心機。她們深知長得可愛的魔力，還有裝可愛的重要性。正如毫無行動力和自主力的嬰兒和小動物一樣，「可愛」就是他們的超能力。有什麼比一副無助的樣子更能引發男生化身為英勇騎士的欲望？

沒辦法，體內分泌物作祟。只是我比較不服氣的是，一個人善不善良，為何不能從他私底下如何對待陌生人來鑑定。

喜歡逗小狗狗玩的女生沒什麼了不起的。我們頂多可以說她喜歡小動物，可那跟善良有什麼關係？那些愛和小動物玩耍，用三分鐘熱度收買狗

狗的心，卻不想長期照顧牠們，狠狠背叛牠一片忠心的，才是罪大惡極的頭等壞人。

用十塊錢跟盲人購買紙巾的可愛美眉，也不一定就是善良的人。十塊錢，就當作是投資吧。讓身邊的人對她產生好印象，以後她就是吃定你了。

天生長得不可愛的，身材魁梧，不是我們的錯。不愛跟小動物玩，很有可能是因為我們對動物的毛髮過敏，不跟眼前這位盲人購買紙巾，也可能因為口袋裡的錢早已買完沿街所有盲人叔叔的紙巾了呢？

做一些表面功夫的人不一定就都是善良的人。不懂得的，也不一定就是惡人。

正如，頭上有光環的不一定是天使，也可能是修電燈的。

禮貌：以禮待人的樣貌

認識我的人，都知道我心地並不算太壞，而且是典型的「刀子嘴，豆腐心」。不認識我，又領教到我的「沒禮貌」的人們，很容易就相信我如謠言裡說的一樣，是一個邪惡的人。

年邁的母親總感慨她做媽媽最失敗的地方，就是沒教我這個女兒更有禮貌一些、嘴巴「甜」一點。

因為就連在父母家時，我也不會整天沒天沒夜地喊：「爸！媽！」只會調皮地稱呼我媽為「娘親！」或「孩子的外婆！」然後喊我爸「爹！」或「我女兒她外公！」氣得母親直罵：「沒大沒小！」

我自小就這樣了。過年過節時，我從不會像我姐一樣，熱情、親切地一一稱呼著每一位到訪的親戚，並待在他們身旁幫他們端汽水、遞花生。我總是怯怯地喊了他們一聲，就躲到一旁去自顧自地玩積木了。不幫他們端水，是因為我認為，一包包的飲料就在他們手邊，他們又不是搆不著，不會自己拿嗎？

當然要是他們手殘，我不止會端水遞花生，我還會替他們剝開殼，餵他們吃花生。

到現在依然如此。誰需要我幫忙的，我義不容辭，而且會幫到底。但只要我見你活得還可以，我除了會給你基本的「請問」、「非常感謝」以外，會懶得大聲地對你說：「早安！」、「您好嗎？」、「吃飽了嗎？」和「今天天氣很好！」這種客套話。

禮貌若代表「以禮待人的樣貌」，那抱歉，我不是擅長擺出這種樣貌的人。我不是嘴上說說，表面上做作的這種人。

有禮貌的人也不一定善良，也可能是有所求的人。禮貌的問候是破冰的開端，讓你心情愉快，卸下心防後，才會願意聽他向你推銷他在兜售的產品。

善良不是一種擅長

對我而言，善良就是「無私」、「善於設身處地，隨時跟隨自己的良知」的意思。但不是每個人都能徹底發揮「善良」的本意，也不是每個人都擅長善良。

我認為，能當護理師的人本質應該都是善良的，而我有幸碰到許多非常善良的護理師。

這幾年來，父母每隔幾個月就要到醫院體檢。而我在醫院中接觸得最多的，不外就是醫生和護理師。經過這些日子，我對護理師的工作更為了解，因此對他們更加尊重。政府醫院的護理師不像私人診所的，有畢恭畢敬的必要，反而更顯親切和真摯。

醫院在各個角落都貼上：「請善待我們的醫護人員」的海報。後來才知道，不少病人和家人會因雞毛蒜皮的事，對護理師動粗甚至發出死亡恐嚇。很想說，不如換換你們當護理師，看看你們能勝任得多好。

我們一般人看到血液就會腳軟，更不會願意去接近一個身染重病的陌生人，深怕受到傳染。護理師在這方面卻顯示出勇者無懼的風範，多年前的新加坡 SARS 疫情就已見證到。醫院是各種病毒、細菌的集中營，隨時都有傳染病疫情爆發。願意天天身處於這種水深火熱中辛勞地工作，還能以高 EQ 溫柔地對待每個病情不一，性格更是形形色色的病人的護理師，真是令人佩服。

我們不能將護理師的無私當作理所當然。他們在工作上已經承受很多來自院方、病人病情的壓力，受惠的病人和家人真不該雪上加霜。

我就親眼看到，一個護理師在每天忙著替病人量體溫血壓、餵藥、吊點滴之餘，還要耐心地幫他們調整病床高度、電視聲量、燈光亮暗。除此，細心地清洗潰爛的傷口、換紗布、擦口水、倒尿壺、換尿布、清理糞便、扶病人上廁所、替他們洗澡都也是護理師工作的一部分。

有時碰到個子粗獷、脾氣壞的病人，瘦弱的護理師依然會咬緊牙關，用盡全身的力氣確保病人不要摔倒。醫生一天巡房頂多兩次，護理師才是真正照顧病人的醫療人員。如果病人在病房中出事，第一個發現的，不是家人或醫生，而是護理師，我們真該感到慶幸有他們在。

還有一次，凌晨一點鐘，我們女兒眼睛刺痛，痛得她連眨眼都不敢。急診室診斷結果，有一塊小鐵片刺進了她的眼角膜，必須用針幫她挑出來。為了防止她晃動，醫生要求我抱著女兒。當時原本天不怕地不怕的我，居然嚇得寸步難移。在一旁的護理師很懂得察言觀色，知道我急得快崩潰了，便拍了拍我的肩膀，告訴我說：「沒關係，我來抱住小妹妹好了。」我當下感激得眼淚都快噴出來了。

護理師薪水不高。工作也是輪班制的。這表示他們在工作以外，很難有休閒活動。儘管護理師的工作條件並不優越，他們依然會在忙到「臉青青」之餘，想辦法逗病人笑，並為出院的病人鼓掌。普通人哪兒來的那麼偉大的情操。因此我只能斷定，好多政府醫院的護理師不是人，是天使。

理所當然感

離題一下，來說一說為何護理師會在工作職位上被他們照顧的病人和家屬欺負。主要的原因來自這個社會有太多因為「優越感」而抱著「理所應得感」的人。

不少人，因為受過高深教育，就認為自己比別人聰明；因為家裡請得起幫傭，就認為自己比別人高等；因為職位高，就認為自己比別人優秀。更或者甚至以上通通皆沒有的，也依然自我感覺良好。

想像一個天生麗質的女生，自小被別人誇獎慣了，更或許曾憑美貌而輕易得到一些其貌不揚的人一輩子都爭取不到的優惠，因此來到人群中，總感覺大家理所當然都應該關注她，態度自然而然會變得傲慢、野蠻。

相同的，有些名人，甚至被本地公司高薪聘請的外來人才，被推崇慣了，習慣高高在上的感覺，以為服務業，甚至普通民眾本應對他們特別殷勤，或給予他們自以為應得的待遇，得不到時，就會失態。這只會加深雙方的誤解。

原以為這與智慧有關，經歷過風雨的老人家不會有這種「理所應得感」。

可惜我就親眼看過一位阿姨指著地鐵上，坐在非博愛座位的普通座位上的年輕人破口大罵，質問他為何不讓位給她。小夥子回說：「妳看起來又不老，我們付同樣車資，憑什麼妳應該得到座位，而我應該站著？」

說實話，年輕人並不無道理，只能說他很沒禮貌，兩人心裡的道德尺度不一樣。阿姨擔心自己經不起太久的站立，應該得到座位，可是她不應用年齡為理由去迫使另一人去做他不願做的事。

另一個人對你好，是他的選擇，是你的福氣；不對你好，是他的權利，是你的運氣。

新加坡經濟還可以，因此有好一些老百姓的生活都風調雨順，久而久之，我們已習慣在無須經歷太多競爭的情況下就得償所願。

另一方面，許多青少年自小就養成的「理所應得感」。現代的家庭因為家中孩子少，大人難免會多疼一點，多遷就一些。凡事都把孩子放在第一位，給他們最好的，然後再灌輸「你再不好好讀書，長大就只可以當清潔工人」的觀念。這種話，只有在亞洲才會聽到。

清潔工人，成了大家眼裡最低檔的職業。但家長們，沒有清潔工人，我們能那麼舒服地生活嗎？

我們的垃圾應該自己扔，就像我們吃過飯後一片杯盤狼藉應該由自己收拾。有食堂職員替我們處理，我們應該做的是要感謝，要孩子學會感恩，因為伯伯嬸嬸正在辛苦努力地為我們提高生活品質。

介紹大家觀賞阿根廷一部得獎短片《EL EMPLEO》(雇工人生)。影片中，主角家的電燈、鏡子和桌椅都由人擔任；乘坐的計程車、電梯，還有衣架也都是。我們因此錯覺主角比誰都優越。

可是到了影片末端，我們會看到走到辦公室門口的主角突然蹲下身，趴在地上。原來他的職業是擔任一片供雇主擦鞋底的地毯，其職業比剛才在家中、路上服侍他的人，更為卑微。

我們經常以為自己是付錢的顧客，就有虐待服務業的人員的權利，忘了其實清潔工人也好，建築工人也好，我們誰都沒有什麼大不了的，不比誰了不起，再優秀不也都是服務業的員工？

律師替客戶起草合約、打官司，是在替客戶服務。醫生看病、做手術，也是在服務病人。我寫詞，服務的是歌手，而歌手唱歌，服務的是歌迷。就連世上最有勢力的人——美國總統，不也宣誓會服務美國人民？大家都在服務業嘛。

拉你下地獄的不一定是魔鬼，也可能只是地心引力

我不斷地把醜陋的事實都擺在你面前給你看，你一定開始不喜歡我了？但我必須先跟你說，有時給你壞心情的，不一定是魔鬼。

設想，妳超迷戀的男朋友背著妳偷偷約別的女生出去。該女生趁人不注意時，跑過來向妳告密。

妳的反應會是什麼？第一個大概會覺得這個女的有妄想症，長得都不怎麼樣卻還以為別人會看上她；第二個則是她一定居心不良，因為妒忌

妳，決心散發謠言來破壞你們美好的感情。

她所說的話令妳痛不欲生，彷彿活在地獄裡一樣。於是在妳小氣的大腦裡，妳認定了對方就是一個故意要妳難受、來拉妳下地獄的魔鬼。說妳不愛聽的，對方一定就是壞人嗎？對妳甜言蜜語的，就一定是好人嗎？妳究竟應該聽信哪一個呢？

因為那個女孩的話，妳開始留意男友的一舉一動。待妳心裡的迷霧散去之後，當妳看清妳心儀的男友的真面目時，妳會覺悟到那個女孩對妳做的事情都是一種恩典。她並不是魔鬼，而是將妳飄飄然的心，給拉回了地表的好人。她逼妳在適當的時候做出對未來有用的選擇，在某個程度上，她是善良的。

所以說，對你說好聽的，對你好的，或長相、舉動都合你心意的，不一定就是天使；對你說難聽的事實的，對你不客氣的，或長相不符合你胃口的，也不一定就是魔鬼。

水滴不僅會激起漣漪，也能匯集成海

許多人都以為，只要捐錢，就是在做善事，自己就是善良的人了，值得福報。但其實真正的善良的人就不會去多考慮「積德」這兩個字，也不會去期待對方的報答。真正的善行，就是去以對方需要的方式來幫助他。

一直都在尋求能更直接幫助本地貧困老人的方式。

捐了幾次善款，都覺得缺少與老人面對面的機會，因此我們選擇送禮包。然而送了幾次禮包，又發現裡頭的米、食用油太重，老人不僅抬不動，也都用不上。獨居老人礙於安全問題如忘記關火，或因行動不便、經濟條件差，無法購買新鮮的蔬菜與肉類，於是他們當中有好多都無法做飯，轉而等待救濟團體給他們送飯。

於是我們一有空就到一個巨型廚房去幫忙。這個團體每天為全島近 5 千名弱勢群眾準備飯盒。他們的食材和資金都是熱心公眾捐贈的，義工全是自願前來幫忙的公眾，在 5 點前就開始忙起來了。

有些志願人士負責煮飯，有些負責搬運一籮籮沉重的蔬菜和箱子，有些則參與烹煮其他食物的工作。

除了核心義工，來的人多數都是平時較常在外用餐的上班族與學生。但為了能給貧困老人與家庭提供營養好吃的飯盒，大家在不熟悉的環境中，都很努力地認真學習，並很快就上手。一群陌生人，為了弱勢群體，不惜犧牲假日休息時間，在又熱又油膩的廚房裡勞動。

看著一個個裝滿鬆軟白飯、蔬菜和肉類的飯盒被裝進大大的塑膠袋，搬上志工的後車廂，我們每次都不禁熱淚盈眶，因為感受到人情最基本的溫暖，和他們鮮少讓別人看見的 —— 善良。更令我感動的是，沒有人拍照，沒有炫耀自己的功勞。因為真正幫助人的人，沒有時間拍照。

給世界留下一個更好的孩子

小小水滴不僅會激起漣漪，也能匯集成海，不要怕你做的善舉太微不足道。我們一家人每天都盡力在能力範圍內進行著環保。家裡除了殘羹，幾乎都不扔垃圾，紙張、塑膠瓶、汽水罐都被再循環；我們盡量以滑板車或腳踏車代替汽車，也很少開空調。但在我有生之年，我更希望能看到更多家長培育出更好的孩子。這樣我們地球就有救了。

非常同意近期流傳的一個想法：「與其給孩子留下一個更好的世界，不如說，給世界留下一個更好的孩子。」因為留下一個更好的孩子，世界也會跟著美好。

在那之前，我們所有人都必須自我檢討，如何自我調整心態。

先舉例個案一。想請家長，想像有這麼一天，你們家小孩拉著你到嘉年華的一端，說那裡有人提供免費的「漢娜」（一種印度墨彩繪）紋身，她好想也做一個。你答應了，吃力地踩過溼答答的草地，褲腳、鞋子滿是爛泥，好不容易才來到了攤位前。隊伍很長，撐著傘等了近一個小時，才輪到你們家的小孩。原以為你們家小朋友會選擇一個最複雜、最漂亮的紋身圖案。誰知，她選擇了最簡單的那個。畫「漢娜」的大姐姐有些驚訝，問她：「妳等了這麼久，怎麼不選花紋比較多的圖案呢？」

小孩回答：「後面還有很多小孩要畫，我不想讓他們等太久，也不想害妳的墨水用完，他們就得不到他們想要的紋身了。」

這時，又溼又冷的你，會選擇責罵她浪費時間，還是誇獎她設身處地？

個案二。你的小孩同班女同學流鼻血，陪她到廁所清理，誰知血越流越多，把兩個小孩都嚇壞了。你的孩子認為自己應該向老師求助，卻又擔心朋友會昏倒，於是決定留在廁所陪同學。

偏偏同學深怕被取笑，要你的小孩發誓不准將流鼻血的事情說出去。

事情結果是兩人被揪回教室，被老師逼問。女同學人中有血跡，明眼的老師一看便放過女同學，把矛頭轉向你的小孩，問她是否在廁所裡玩耍。你的孩子因為發過誓要保守祕密，咬著下唇搖頭不肯說。

如果你是老師，你會繼續責罵小孩不聽課，還是誇獎她關心同學，又講義氣？錯過的課，可以再上過，但錯過了鑑定孩子的善行的時機，就再也回不去了。孩子的個性在那一剎那就已定了型。

大人們必須非常留意自己當下的反應。孩子做的事看上去很傻，但初衷是好的。責罵或者誇獎，會將這個孩子未來的性格捏成型，我們必須三思而後行。孩子的天真善良，和計較市儈哪一棵長得比較高，就看你是往哪一棵樹的土壤澆水施肥。

先教好自己家的孩子，要他善良，要他肯設身處地為別人著想，要他做自己心裡那把尺衡量出的，而不是聽從別人嘴裡所定義的「正確」事情，要他去幫忙改善另一個人的生活品質，哪怕那個人永遠都不會知道。

人說：「善良的人都是傻子」，但我們都知道，推動世界運轉的，需要的是一股傻勁，而這種傻勁，偏偏就只有心地善良的傻子才有。

一克拉

蔡健雅：唱　小寒：詞　蔡健雅：曲

身軀在上個下個情人之間，觸覺難免迷惑。

被歲月一刀一刀切割，視覺才又透明得多。

所有渾濁，坦然赤裸，無處可躲。

一顆心經歷煉獄之後會變堅固還是柔弱。

就像是氣壓溫差決定誰是鑽石誰是石墨。

幾經思索，幾經煙火，此刻的我。

不怕受傷，敢把真心，綻放手上。

真正頑強，不是逞強。

女生若是善良，笑容星辰一樣閃亮，該要珍藏，不是隱藏。

一克拉的女人，會發光的眼神。

淚溼的青春，純淨優雅集於一身。

一克拉的女人，雖標誌著永恆。

全天然的愛，願用一生辨認，真的吻。

一顆心稜面越多折射越多價值無關輪廓。

會照耀生命的人不會被生活一輩子埋沒。

管他折磨，總有煙火，璀璨你我。

筆記十一

關於受傷：刺蝟大概最怕痛

洛杉磯的終極教訓

2001 年，還在念博士的我因為科學研究有了一些新發現，受到導師的推薦，和他與幾位同事從新加坡飛到費城去參加一個研討會。

我們請了樓下的人力資源部為我們辦理所需的文件。我們得知，新加坡當時正在和美國處於試驗期，逗留少於 90 天新加坡人可以暫時不必申請簽證，便不多過問。

出發當天我們一群人坐了二十幾個小時的飛機，遇上好幾次氣流，終於來到了洛杉磯機場。由於目的地是美國領土，我們必須先在洛杉磯出境，才可轉機前往費城。

偏偏天氣問題造成許多班機誤點，洛杉磯機場擠滿了人。海關的人龍長得驚人。我逛了逛，找到了一條人很少的人龍，以為撿到寶，興高采烈地加入隊伍，還向我的同事扮鬼臉。但當時我有所不知的是，其實人龍短的原因，是因為大家都在設法避開那個櫃檯的海關人員。

等了將近兩小時，終於輪到我。我面帶微笑地向那位拉丁裔海關人員打招呼。他非但沒有表示友好，反而對我上下打量一番。他看似心不在焉地翻了翻我的護照，用兩秒一個字的時速問了我一個問題：

「妳的簽證呢？」

「簽證？」我睜大眼睛。「我的人力資源同事說不用啊？」

「妳是說，妳沒有簽證？」海關人員凶神惡煞地盯著我問。

「對……對不起我沒有申請簽證……我……」我急得快哭了。

對方看我眼眶紅了，嘴角一個小小微笑，指著不遠處的架子上一疊疊表格。

「拿一張藍色表格填上妳的資料。」他冷冷地說。

我心裡頓時燃起一絲希望，開心地去領了表格，奔了回來，才發現我身上沒帶筆。

「不好意思，我沒有筆，能否跟你借一下。」我看見他手上在玩著一支原子筆。

「妳看見我周圍有第二支筆嗎？」對方沉下臉，舉起了筆向我示著威，這個男人明顯在刁難我。

「沒有。」我感覺有些生氣，語調不太好。

「我若借妳，那我用什麼？」他繼續慢條斯理地說。

有骨氣的我，不語地彎下腰，當眾開啟了我大大的行李箱，找出了一支原子筆，快速地把表格填完，遞給了他。

表格上的字跡清楚、整齊。我故意小心不留下任何他能刁難我的理由。他有些自討沒趣，只好繼續辦理程序。

「請問，妳想來我們這偉大的國家做什麼？」他問。

偉大的國家？拜託。我心想。喉嚨底部蹦出一聲冷笑。這時我看見我導師已經通過海關，有些緊張便挺起身子，積極地回答：

「開會。我在費城有一個病毒學研討會。」多希望能早些脫離這個討厭鬼。

「病毒研討會？妳以是什麼身分？」他話裡帶刺。

「我是一名研究生。」我說。「科……科學家。」我擔心對方不知道研究生是什麼。

「科學家？哼。妳如何證明？有名片嗎？」拉丁裔男人這時站了起來，準備從工作職位走出來。

「我……我沒有名片。我還在念我的博士學位。」我連忙改口。

「原來是冒名科學家。我怎麼肯定妳不是要偷渡進我們偉大的國家，做非法移民？」他聲音越來越大。

偷渡當非法移民？我在我自己的國家過得好好的，誰稀罕來有你這種人的地方當二等公民？

「哼，妳怎麼證明？」他開始吼了。

「嗯，我……我有海報、我有邀請函，還……還有簡報，手稿……」我從我的行李一樣一樣地掏出來，放在櫃檯上。對方一看也不看，就把身子挪向坐在他隔壁的同事，大聲地問：「你覺得呢？我應該拿這位小姐怎麼辦？」

那位金髮女海關人員斜眼瞄了瞄我，用她尖尖的聲線說：「我覺得這位小姐態度很有問題，我們應該進行多一些調查。」

「調……調查什麼？」我嚇得都快尿褲子了。我做了什麼犯法事？

霎那間，我看見拉丁裔人員把我的海報、簡報等東西掃進我的行李箱，將箱子關上後，就捉著我的右手肘，拖著我走。原本在我身後排著隊的旅客「咻」地一聲，散了。

我感覺那個男人把我用力地推進一個四四方方的房間裡，把我行李箱扔在一邊。行李箱被摔得開啟了，東西掉了一地。我委屈地跪在地上，一樣一樣地撿起。收拾完畢抬頭一看，才發現自己的處境。

我被海關扣留了，連同一些行為怪異和外表奇特的人一起。當眾有兩位在猛流鼻涕、發抖，大概是吸毒者；一位眼神凶險的中東人，一位滿身刺青的龐克，還有一位可憐的，中英語都不會說，來自香港的老先生。

房間裡還有手持機關槍，胸口兩側、大腿兩側都有槍支的高大警衛人員。海關把我當危險罪犯看待，關在異鄉的拘留所裡了。

慌張的我開始胡思亂想，盤算著我的未來的可能性。幸運的話，我會被遣送回國，只是事情的來龍去脈，解釋了老闆們也未必相信。不幸的話，我將會被提控，然後丟進叫天不應，叫地不靈的深牢裡，慢慢地在那裡死去，再也見不到我的家人。

想到這裡，我傷心地哭了。但我不敢哭得太大聲，因為其他拘留者開始瞪著我看了。

突然一個個子比我高出許多的陌生人，走到我面前，將我籠罩在一片陰暗之中。我抬頭，是其中一位黑人警衛，正對我微微笑。

「妳會沒事的。很快就可以出去的。我向妳承諾。」他語調溫柔地說。

他要求檢查我的行李。我點點頭，看著他輕輕地翻開我的隨身物品，再整齊地放回去。

「好了妳可以走了。」他幫我提起我的行李箱，把手放在我的背後，暗中推著我向旁門走去。

「我就知道你要放了她！」突然前門被推開，拉丁裔海關人員衝了進來！我嚇得眼淚都噴出來了。

「你真是個有趣的人。你真是個有趣的……」黑人警衛開啟門，用力地把我推了出拘留所。就這樣，我被釋放了，但罪狀是什麼，我始終搞不清。

不是你的錯，錯的是時間地點

事後我與一位旅居美國多年的朋友聊起這件事，想知道我當年是否真的有什麼做得不對。朋友拍了拍我的肩膀說：「妳唯一做錯的，就是選擇加入那條最短的人龍。妳被那個男人欺負了。」原來我在錯誤的時間、地點出現在剛好準備爆發的火山旁邊。

他解釋，對於一個沒犯法、沒販毒，而且完全不符合罪犯側寫的女生來說，我唯一的罪名就是給該人員有欺負和侮辱我的機會。他還說，其實當時假如我夠鎮定的話，我應該宣讀自己的人權，也絕對可以把這件霸凌事件呈報給美國海關局，讓他們好好地教訓那位海關人員一頓。

「可是我不想以牙還牙。我被為難並不表示他也應該被為難。」我回答。

友人分析：「但那位海關人員可不這麼認為喔。他濫用職權、欺負亞洲人的動機，絕不是我抵達洛杉磯當天才突然萌生的，而是有之前的經驗作為根據。而他之所以會跟隔壁的金髮白人討論拘留妳的事情，是因為他正在利用妳向那位白人靠攏。白人，或許就是他心理狀態的癥結。曾經欺負他的人很有可能就是白人。」

友人說，沒有人會生來就懂得策劃如何欺負一個人，尤其是一個比自己弱小，社會地位較低，或權利較少的人。我不得不同意，因為當我表現害怕或難過的表情時，他手段就沒有那麼不客氣，因為他得到他想要的了 —— 我的恐懼。這就表示他贏了，他優越了。

友人一個華人旅美多年，對美國留下最深刻印象的不外就是種族歧視。在美國某些地區，金髮碧眼的是一等公民，對黑人、拉丁裔、華人和吉普賽人一概瞧不起。欺負我的那拉丁裔男人必定也是霸凌的受害者，而放我走的那位黑人大概是霸凌的康復者。

刺蝟，大概最怕痛

在洛杉磯被拘留，大概是我這一生最難忘的事件。我從此就再也沒有踏進過美國領土一步。但我不時會想，不知那位黑人警衛後來怎麼樣了，有沒有因為釋放我而被上司為難，那位拉丁裔男人最後有沒從自己的傷痛回憶康復，開始對亞洲人好一些？

怕痛和怕冷的效應是一樣的。怕冷的你在冬天會做什麼？穿很厚的衣服對不對？怕痛就會穿很厚的盔甲，就好是上面有那種會嚇走敵人的武器的盔甲。因此我了解的，刺蝟之所以會長刺，並非因為牠蓄意想主動去攻擊、傷害別人，而是因為曾經受過傷，不想再體無完膚了。痛過，不想再痛了。沒有被傷害過的人，怎會懂得傷害另一個人的手段？

刺蝟背著刺，雖然秉持著自衛之名，但難說不會傷害別人。活得像刺蝟的人，往往最怕痛。

各型各類的傷口，各型各類的霸凌

人的傷有很多種。分輕和重傷，分生理上的，如皮外傷、內傷、割傷、燙傷、擦傷、刀傷、瘀傷、刺傷、咬螫傷和挫傷；還有心理上的，如創傷後心理障礙症與其他心理創傷症。

一個人一輩子首次遭受到的欺凌，大概從幼稚園開始。當原本熱愛學習的孩童突然假裝病倒，賴在床上不肯上學，原因多半是因為校園惡霸。我們家女兒、好友的兒子，當然還有我，都曾是校園惡霸的受害者。

先說我。我在念書時，樣貌、功課都不屬於滿分的女生。惡霸雖沒動粗，但說華文好的我是低等人，不配和說英語的她們交往，被班上的「酷」孩子排擠，遭她們白眼是經常發生在我身上的事。所幸她們留給我的心靈上的創傷，因為我的阿Q精神，一下子就好了，促使我發憤圖強。

倒是生理上的創傷所帶來的心理創傷，令我惡夢連連。我首次「慘遭毒手」時，已經念中一了。當時我和我姐同校，她的學姊身分害我變成一個出氣筒。被她記過名的學生，如其中一個身材魁梧的女生，就好幾次將我用力地推去撞牆，掐著我的脖子要我轉告我姐下次別再找她麻煩。只要我姐反擊，我就遭殃。最惡劣的一次，是惡霸將我的頭按在水溝邊緣，說要請我喝穢水。

到最後我還是把事情告訴了我姐，請我姐轉告訓育主任。因為有人證，那位魁梧女生的惡行最終被揭發。我就告訴我自己，受欺負時，絕對不能露出一絲害怕。因為惡霸是被「恐懼」餵養長大的。

但近期，校園惡霸已經「進化」了，欺負弱小時不會再輕易留下痕跡。他們以「君子」自居，選擇「動口不動手」。好友的孩子念小一時，就被同校車的小二生恐嚇，說要是他不去毆打前座的小三生，挨揍的將會是自己。結果遭小三生舉發的，是我好友的兒子，而不是那個念小二的「主謀」。八歲的小孩已經懂得「借刀殺人」了！另外，我女兒除了曾遭同學打巴掌以外，也遭受另幾位使用的言語暴力欺負。他們選在女兒回答老師問題前罵她笨，令她陣腳大亂。

小心孩子變榴槤

當我接到當時同校的外甥女來電通知時，我火冒三丈，當下巴不得衝到學校去把惡霸揪出來臭罵一頓。但女兒得知我的企圖以後，非但不感激我，反倒責怪我讓她看起來懦弱無能。因為她與同學經常都會受到欺凌，我不住在學校，如何每次都替她出頭？

女兒問我：「妳希望我每次被欺負時，都靠你們大人出面，還是我趁別的同學或老師也在場時，勇敢地找她們（惡霸）評理？」

嗯，有道理。當時還不足10歲的女兒居然比我還理智。但這是母性，沒法子呀。只好靜觀其變，忍著心痛，先不發威。

第一時間就衝出去保護孩子的欲望，每個家長都會有。看到孩子被欺負，家長難免心疼，但要自己的孩子「打回去」只會讓孩子從受害者變成施暴者。自衛和攻擊一線之差。冤冤相報何時了，暴力應止於智者。

更或者家長在替孩子出頭時，因過度心疼孩子的遭遇而失控，也變成施暴者。除了蓄意傷人，還在給自己的孩子傳達一個訊息：「反正有爸媽在，你想怎樣都可以。」這就是所謂的「榴槤一代」，有凶悍的父母撐腰，自己就可以繼續用軟綿綿的性格過日子，永遠無法自衛、自立。

聽一位青少年輔導員說，受害者家長應教導孩子在遇到校園惡霸時，要自信地正視對方的眼睛，嘗試用友誼化解危機。這方式若不成功，就乾脆迴避，告知校方。施暴者的家長也應收到通知，並與校方合作，輔導這些孩子。校園惡霸的家庭背景與日常作息也應被探討。

因為那麼小的小孩不太可能生來就懂得施暴。一定是從哪裡學來的，或發生在他身上的。說不定他對同學施暴的行為本身就是在拉警報，師長務必調查到底。

惡霸，是會變裝的

還以為惡霸是只能在校園生長的溫室品種，經不起社會壓力。誰知霸凌的欲望就像病毒一樣，會潛伏在任何一個看似很友善、樂於助人的同事身上。

出來工作以後，我發現惡霸依然猖狂，而且可以以不同的樣子出現，使用的招式更千奇百怪，明顯的如打小報告、散播謠言誣衊別人。不明顯的則每天都殷勤地將報章上的徵聘廣告剪下來送你，暗示你應該離職。

網路發達之後，「鍵盤俠」四面埋伏，隨時出擊。看你照片不順眼，匿名留個言嫌你長得醜；看你作品不順眼，匿名留個言評你寫得爛；看你論調不合胃口，就留個言罵你說廢話，浪費他的時間。可是他卻處處關注你的一切，口口聲聲說支持你。真是令人摸不著頭緒。

暗箭難防。如果箭尾都是羽毛做的，那常被人暗算的我，背後的羽毛簡直多得可以讓我充當翅膀飛起來，變天使了。可是我一般不相信以暴制暴，也不靠別人出面調解，向來即使再受傷也都表現得若無其事，一笑置之，不想掉入對方設下的圈套，也不想將自己的人格降到對方的水準一樣低。以退為進是我一貫作風。

然而，這種風格並不適合天天使用。尤其當你的對手是高手時。

女惡霸一般看起來優雅知性，但由於女生天生心思很細，懂得如何用高貴的方式來擊中你要害。女人為難起別的女人時，計畫如何周全，手法如何高超，過程精彩得足以搬上大螢幕。

男人也欺負女人。都什麼年代了，社會還存有一些瞧不起女性的大男人主義者。我就經常碰到不願意跟我做生意的男人。我還有過一次超誇張的經歷。一群中年男子大搖大擺地走進我們的音樂學院，平白無故將我們羞辱一頓。我再怎麼用專業的態度應對，他們都沒有停止揶揄的意思。我開啟門請他們走，他們依然站在原地還死賴著不走。最後，我忍無可忍，到儲藏室拿出了一支大掃把，將他們一個個地轟出去。

事後我的腎上腺指數持續飆升很久，令我全身顫抖，連晚餐都吃不下，但我從未感覺那麼驕傲。那是我人生第一次用掃把把不速之客趕走，雖不算什麼高雅的妙計，但也算替公司爭回一口氣。

女孩，我們本應如此。受到欺凌時，應該想辦法替自己解套，而不是等別人幫妳出頭。與其還徘徊在記憶裡凌亂不堪的地方，還不如把不愉快的，不要的，通通掃到門外去。

保護色

丁噹：唱　小寒：詞　施佳陽：曲

往前或右轉，仍到夢尾端。

你也沒為難，說到了報平安。

我們都忘了撐傘，雨把眼眶都塞滿。

無權嫌愛太短，你懷抱，好溫暖。

時速很緩慢，街燈一盞盞。

我數也數不完，多漫長的孤單。

車廂外星星在閃，像你在誇我勇敢。

就強忍鼻酸，就今晚。

遠距離是個保護色，保護這僅存的快樂。

可知我多不捨，又怕會拉扯，會復合。

冷漠是新的保護色，暫時先穿著的外殼。

這顆心，現在還傷不得。

從今分兩端，你別睡太晚。

雨季還沒過完，多蓋幾張被單。

我偶爾還會傷感，就流些淚不算慘。

要堅持樂觀，會好轉。

筆記十二

關於脆弱：有急流才會有橋梁

承認脆弱就是走向幸福的第一步

我除了沒有駕照，不會游泳，這兩方面比較無能，需要別人解救之外，還算是一個獨立女性。我凡事親力親為，很少想著要麻煩別人。網路上流傳一句話：「人生遇到不如意，就好像遇到下雨一樣，差別在於有人等傘來，有人只能等雨停」，我不會等傘來，因為我就是那個自己帶傘的人。

但再堅強的人也難免會健忘，我選擇成為了那個淋雨走路回家的傻瓜，不管多少留在車站的人在我的背後嘲笑我、憐惜我。我不會等雨停，因為我絕不會樂觀地相信大雨會在五分鐘內結束，而是接受命運給我送來的風雨。自己糊塗的下場，就等著自己承受。與其在車站東張西望，不如乾脆加快腳步，趕緊抵達目的地找件乾衣服換上。

人生不可能天天都像小學生作文的開頭一樣 —— 風和日麗。就連新加坡這一個陽光多得好像不用錢（是不用錢啦）的地方，宇宙會在 49% 的時候送給我們一場場的雨。人也一樣，心情不可能天天都出太陽，我們也會脆弱、軟弱，甚至憂鬱症復發。

自己的內心世界下雨的時候，你會做什麼呢？我會做的第一件事情，就是接受自己就是這樣的一個人，一個在「堅強」部門裡得不到滿分的現代女性。不要等待別人的幫忙，也不要期待憂鬱症的暴風雨會自行消失，學會不再責怪自己做不足預防措施。我擁抱它，我擁抱自己的脆弱。承認，並接受這是一個事實之後，一切就變得容易起來。

脆弱，等於在別人面前赤裸

可惜，在這個事事都要強的年代中，我們早已學習隱藏起自己的真感受，害怕會成為別人的把柄、笑柄。我們穿起層層厚厚的、鑲上一支支尖刺的盔甲，以為這樣就能捍衛自己脆弱的心，結果誰也看不進來，自己也笨拙得不懂得如何擁抱。

曾經有一位男性朋友告訴我，現今社會裡，要找一個女生來戀愛，越來越難了。她們大多都太過獨立、太過強悍，不介意讓他進入她們閨房，卻不願意讓他闖入她們心房。因此一旦被他碰到在電影院裡悄悄掉眼淚的女生，他一定緊緊會捉住不放。

眼淚是從生鏽的鐵甲縫隙間流出來的透明的血液，彷彿在說著：「我也會受傷的。如今我受傷了，請救救我。」

若能讓對方看到自己心裡有急流存在，站在彼岸的那個人，就有義務，也有理由伸出援手，建立一道溝通的橋梁。

刺蝟和刺蝟如何依偎，如何互相取暖？那隻選擇先將身上的利器放下的，很有可能已經做好會受傷的準備。信任就像一場賭博一樣，你憑著之前的失敗與成功，計算自己的勝算。但先願意這麼做也很可能是因為認為對方值得。愛已強烈到自己願意在沒有保障的情況下，將完全的信任賦予一個手持利器的敵人。

研究顯示，快樂的人生由健康的人際關係開始。一生中與越多人擁有越親密的關係的人，越接近滿分幸福。重點就是「關係」兩字，就像在犯錯時承認錯誤，會讓彼此更坦誠對待一樣，能關起兩人原有的門隙。我就有一對考慮離婚的朋友，在一次婚姻諮商時，都忍不住哭了。夫妻倆從垮下來的城牆廢墟中，重新看見自己當年愛上的純真臉孔，重新愛上了彼此。

承認自己脆弱，承認自己是弱者，才是強者的風範。哭泣並不是一種示弱，而是一種勇敢的表現。

哭，是人類之間的第一種溝通方式

因為哭本來就是人與人之間的第一種溝通方式。

嬰兒呱呱落地時，做的第一件事就是哭。哭，除了能擴張肺部，哭也是一種宣布「我在這裡！」的方式。

從醫院回到家中，還不會說話或用肢體語言表達自己的嬰兒，要如何與父母傳達訊息？「我肚子餓了，餵我喝奶！」、「我屁股不舒服，換我尿片！」、「我要睡覺，放我下來！」、「我害怕，快抱緊我！」這麼多各型各類的要求要怎麼說？

不就是透過「哭」麼？

其實「哭」不僅是一種「要求」的表示。它也是一種「我需要你」的宣示，是一種與生俱來的原始求救訊號。

嬰兒在娃娃床裡微笑的時候，你或許會跟他玩上一會兒，然後會以「他一切很好」的藉口走開，去繼續自己手頭上的事。可是娃娃要是哭了呢？你就算睡得再死，都會從床上跳起來，去檢視他怎麼了，對吧？看他哭得稀哩嘩啦地，你會忍得下心不伸出手將他抱起嗎？

這麼一抱，大人小孩之間不就有了連線嗎？

哭出來爲什麼眞的有舒服一點？

有時候覺得當女生比較容易，至少在情緒管理方面。女生受委屈的時候掉眼淚，旁人會覺得情有可原；看言情劇的時候掉眼淚，不會有人評頭論足；讀到人間苦難的新聞時掉眼淚，不會讓人反感。

小男生在成長過程中，頑皮是被讚許的，因為那是「聰明」的象徵；與兄弟打架雖然會挨爸媽的揍，但社會潛意識會認為，堅持自己立場是很有男子氣概的一件事；孩子亂拆東西、爬高爬低時，大家頂多就用一句：「男孩子就是這樣的。」帶過。

就是在受傷時，掉眼淚這件事情上，長輩們不允許。

既然如此，長輩們怎麼不捂住男寶寶的嘴，叫他不許哭？

與許多家長不同的是，當我們家小孩傷心流淚時，我從不會對她說：「羞羞，不許哭。」我會讓她盡情地哭，因為心情不好時，我們身體會產生一種協助我們應付壓力的賀爾蒙，叫皮質醇，過度囤積會損害健康、影響學習能力。以科學角度來說，流眼淚是身體「排毒」的一個方法，不應該加以阻止。

眼淚是一種訊號，但更重要的是，它是一種讓我們與機器有所區別的感情抒發。

當然弱者，也可能是計謀者

不幸的是，這個世界變了。有些乞丐其實是富翁，有些受害者則可能是掠奪者。

曾經，脆弱是弱者的象徵，是不被允許的。可是如今脆弱不僅被允許，也是許多人的暗器。

世上有許多了解到脆弱的力量的人。眼淚有瓦解敵人槍林彈雨的威力，除了是一種求助訊號，也是一種要脅。眼淚也可以是在說：「我受傷了，請你住嘴。」相信大家在職場都碰過批評一下就哭到拿病假的草莓族。誰都無從知曉，對方是真受傷，或只是在用眼淚將你塑造成惡霸樣子罷了。

情場上，女生懂得利用脆弱來喚醒男人的憐愛之心。世上的男人至今依然喜歡扮演英雄救美的角色，憐香惜玉對他們來說是一種美德，更是一種欲望。

女生呢，也劫數難逃。壞男孩只要使出流一點淚的招數，顯示自己脆弱的一面時，女生的母性就會來個海水大氾濫，希望自己的溫柔能拯救壞男孩就快要崩塌的世界。

娛樂圈也深知脆弱的力量。巨星的光芒越耀眼，離消費者的距離就越遠。距離越遠，買氣就越差。於是無論歌手，還是演員，在部分作品中都會被刻劃成一個光芒四射，但藏有不為人知的傷口的人物。有血有淚的形象更討喜，也更人性化。有心計的人都會發現到，脆弱是一種能擊退敵人，令他人卸下防備的無形力量，也是一種引力巨大的磁場

無從猶豫的憂鬱症

被「脆弱」危害過的人越多，社會就越冷漠，人的心臟就越不願為其他人跳動。就有人不客氣地宣稱，最瞧不起別人拿憂鬱症來要脅他，說憂

鬱症是因為患者懦弱、軟弱，喜歡用示弱來逼退別人，還說用這種方式來博取同情是不對的。我不與這位淺交連繫了。

我是一個輕度憂鬱症的病患，一輩子也有過三次發病。因此我能多少理解憂鬱症病患的心情與病情。

憂鬱症和戀愛、發育，甚至發情一樣，都是因為身體裡的化學反應與自己平常的身體裡的不一樣。

憂鬱症病患不是懦弱的人。他們很多時候是最堅強、最正面、最多人依靠，但因此最孤立的人。孤立久了，人被掏空了。麻木感，占去憂鬱症病患一大部分時間。

憂鬱症病患不是每天都以淚洗臉，他們也會合群，也會開玩笑，只是他們很有可能是在撐，而且事後回家就會完全崩潰。

憂鬱症病患不是因為愛鑽牛角尖以致完全不能工作的人。他們很多時候都能完成偉大的作品，只是即使能專心致志工作的時間很多，精力卻很少。

憂鬱症病患對常人擁有的欲望都失去興趣，食慾不振、睡眠品質不好，因此白天會嗜睡，在外人眼裡看起來像個無病呻吟的無用之人。

憂鬱症病患不是整天只想著自殺的自私的人，就算他們有這個念頭，並不是因為他們自私，不愛愛他的人，而是真的認為自己不在，將會對大家更有好處。

不是看起來憂鬱的人就患有憂鬱症，大腦裡的神經遞質失調不一定都有症狀或有跡可循，雖然失業、失去至親的人等大轉變都可能是導火線。

憂鬱症不是「停止胡思亂想」或「想開點」就可以好轉的，它不是一個人就能克服的疾病，需要一種叫做「無偏見的陪伴」的幫忙。當一個人跌入谷底時，需要聽到的，不是站在洞口的人為你揮旗打鼓打氣，因為你實在使不出任何能跟得上他的節奏的力氣。

你需要的，是一個靜靜等在洞口，偶爾聆聽到你的腳步，探出頭來跟你微微笑的人。他不說正能量的勵志話，也不企圖說什麼激怒你，以為這樣你就能突然醒過來，把憂鬱症當成夢遊症一樣似的。

你需要的，是一個讓你覺得不孤單的人，儘管洞裡就單單只有你一人。

認識我的人對於我有這樣的一種心裡狀況，不感到稀奇。有的說從事藝術的人，多少都是憂鬱症病患，如梵谷、羅賓威廉斯、麥可傑克森等人。

感謝大家關心，不過呸呸呸，我還不想死。若真是如此，我寧願快樂地當一個普普通通的人。

不過我多少明白自己為何一直無法擺脫這討厭的病症。我自小就是一個神經過敏、觀察力特別強、心思無比細膩的孩子。別人流血，我也感覺到那一份痛楚。這是一種天賦，給了我寫作能力。但它也是令我不快樂的一種詛咒。

因為我會為了創作出刻骨銘心的歌詞，故意長期將自己鎖在一個鬱鬱寡歡的狀態，必須不斷地將結痂了的傷口剝開。或許因為如此，我將自己的身體逼得生病了，一碰到什麼大件事，大腦就起了化學大戰。

我寫作和填詞的工作，確實需要我常年往記憶的死角裡鑽。但諷刺的是，書寫也是憂鬱症治療的療程之一。有些患者會開部落格，有些會寫日記，有些寫小字條……千百種形式，一個目的，那就是訴說。將自己的心情、想法寫下來，就像對那位在洞口等你爬出來的朋友一樣，不抱以任何歧見與立場。

要爬出來，你必須先承認，上有老下有小是很幸福，但也無疑很辛苦；

你必須承認被情緒急流沒頂了，需要你信任和信任你的人伸手拉你一把；

你必須承認你只是有血有肉的人，切開皮膚會流血，睜開眼會流淚。

你必須承認你笑不出來了，哭是目前唯一的溝通方式，接受自己不能接受事實的事實。

你無須因為不想再把陽光送別人，想給自己留一點，而感到內疚、自私。

更無須頑固堅持你必須滿分才能滿足於幸福。

寫給自己的信

因為我們身邊每天都努力做好份內事情的人很多。可是似乎越努力的人，就會越在乎外人的看法和言論。他們只要聽到一個負面的批評，或者有這麼一次表現欠佳時，就會開始責備自己，感覺自己很差勁，好像世界快要垮了。

在這個時候，沒有人能夠幫助你。即使有 1 萬個人誇獎你、提醒你之前有過傲人的成績，仍無法說服你並不如自己想像中那麼差。這個窘境，就只有你能幫自己走出來，那就是讓另一人看到你的眼淚，讓另一人聽到你的求助，讓另一人知道你需要幫助。

在這之前，你必須真實地看看自己，設法用別人的角度去看待自己，才能進行一次公正的評估。可惜的是，世上沒有一個人，或一件物品，能夠替你做這件事。因為人真的沒有辦法看自己。無論如何，都沒辦法。你的眼球再怎麼往裡翻，頂多只能看到自己的鼻子。

於是人類採取幾個方式好能看自己幾眼。其中一個便是照鏡子。試問，各位在照鏡子時，先看到的是自己的優點還是缺點？你們會留意到自己今天的好氣色，還是凌亂的頭髮？況且，鏡子裡的自己，和別人眼裡的，總是左右相反的，觀點和角度並不相同，也不準確。

另一個方式，就是照相。照相沒有左右相反的問題，但正如我們在拍照時總是會微笑的原因一樣，我們總會在快門按下的那一刻，盡力給別人留下最好的印象，因為我們知道那一瞬間將成為永久的印記。感覺差勁時，難免會覺得那三秒鐘的美好，是一個謊言，因為自己其實並不如像照片中的那樣幸福。

即使是錄影，能記錄比照片的一瞬間還要長許多的時間，但它依然只是反映一個人一輩子所做出的貢獻的小部分。也就是說，最懂你的人，並不一定是自己，而是那些意見不易被左右，不被第一印象影響，或只挑精彩的劇情看的，和你朝夕相處的親人與同事。

他們的眼中，唯你最閃爍。而讓我最著急的是，當全世界都覺得你好，你的好，就只有你看不到。

就算暫時看不到，沒關係。靠近一點，他微微浮起的下眼皮即使把部分的眼球給遮去，他的瞳孔依然會反射出你的樣子。這幾秒鐘的眼神連線，會像為你充了電一樣。突然，你的身體滿滿的能量，滿滿的勇氣。

那一刻起，你決定自己生命裡的淚水只許分給感慨和感動，而不是悲傷與憤怒。你把這些淚水叫做「快樂的眼淚」。

有時世界垮了，不要太擔心。因為要不是圍牆倒塌，你就看不見另一個人正站在牆外，在用關心、耐心等著你開心。你用脆弱，與另一個人連線上了。

懂你才懂愛

彭佳慧：唱　小寒：詞　蔡健雅：曲

相信嗎？我曾認為，快樂的代價是眼淚。

那時你，懂愛了沒。要不然你，必定反對。

能讓我哭的人，是深愛的人。

可是，他若忍心給，傷、痕。

說穿是，殘忍，有時勇敢只是後遺症。

還好在，你胸懷，暖如夏天的海。

Just You and I 世界也很精彩。

Just You and I You and I。

Just You and I 懂了你才懂愛。

決定的，無論是誰，按順序，總要等幾位。

在離合，之間來回，是為愛上你而準備。

能讓我笑的人，是愛我的人。

捨不得我臉上有，淚、痕。

那我願意等，等理解幸福這個名稱。

懂了你才懂愛 oh。

You and Me and Yeah 懂了你才懂愛。

你值得了等待。

筆記十三

關於單身：一半的「半」不是量詞

一半的「半」不是量詞

「一」字的後面總是跟著量詞，如：一杯水的「杯」、一桶水的「桶」、一隻野獸的「隻」、一群野獸的「群」、一個情人的「個」和一對情人的「對」。

一杯水與一桶水，差別在於容量；一隻野獸與一群野獸，差別在於數量；而一個情人或一對情人，差別在於愛情的角度：一個情人指的是跟自己談戀愛的人，而一對情人，則連同自己也加進去。

因此我們經常誤會，在「一」字後頭的這個字，一定是量詞。

可是一半的「半」不是。只能說，會使用到「半」字，就表示一個完整的個體被分成兩部分。一半，就是那兩邊的其中一部分，例如：「一半的房間被你占據了」、「我把蘋果平分，你一半，我一半」。

可惜我們都喜歡指著心愛的人說：「他是我的另一半。」

什麼？我因為結了婚，就只剩一隻手和一隻腳嗎？

是浪漫因子造就了這個觀念的。我們將一段包含著兩個人的關係，當成了一整個個體。古希臘早期喜劇作家阿里斯托芬（Aristophanes）就在《會飲篇》（*Symposium*）中說道，最初的人類個個都是球形的，一個腦袋上有兩張面對不同方向的，一模一樣的臉，有四隻手、四隻腳、四個耳朵。後來球形人因為得罪了眾神，被宙斯劈成兩半。從此分開的兩個半人必須相互尋找「另一半」，想重新合成完整的球形。

兩個人在一段感情裡，沒錯是總會一起用餐、看電影。但少了另外一個人，你就無法自己餵食，用自己眼睛看電影了嗎？就算失戀了，你走路無需靠另外一個人的兩隻腳，說話也不需要另外一個人的一張嘴呀。

你的雙手能感覺到自己的皮膚，耳朵能聽得見自己的聲音，舌頭嘗得到自己的眼淚，看得到自己脖子以下的身軀，聞得到自己的汗臭味。擁有一整套器官和功能的一個人，就是一個個體。

戀愛中，和失戀後的人，量詞都是一個，不是一半。「半」不是量詞。

單身是自己選擇，不是因爲選不上或沒被選上

儘管現代男女談婚論嫁的年齡不斷提高，但人的修養素養並不見得也跟著。男人要是 30 歲後還不結婚，依然會被人稱「鑽石王老五」；同樣的情形換成是女生，名稱就會變得很難聽，什麼「剩女」、「敗犬」的。

「剩女」就是被選剩的女子的意思，酸民們普遍認為，好的女人一般都會受到愛情的青睞，長得有些姿色的也早早就被男人給挑走了。於是「剩女」大概就都是長得不夠漂亮、條件不夠好，所以沒被男士們選上的女生。

然而「剩女」也絕對有可能是在樣貌上、學歷上和經濟基礎上滿分的女生。不乏追求者的她們只不過還碰不到自己想共度一生的人。這時酸民又來了，投訴說這些女生的眼睛長在頭頂上，眼光太高，要求太苛刻，自視過高，因此現有的對象才一個也選不上。

就像決定自己開什麼款式的車子一樣，這些小資女寧缺勿濫，在對的人來臨前先保持單身，享受自己多年以來打拚的成果，多與閨蜜旅行，多買書本進修，多養幾隻貓。自己辛苦工作換取回來的金錢和時間，她們可以用來經營一段感情，也可以選擇愛怎麼花就怎麼花。

有閨蜜依靠，有碳粉知己疼惜，有家人陪伴，就算生命中目前沒有愛

情，生活中沒有另一半，單身也可以過得充實美好。因為單身的天空不一定就是黑暗的，戀愛的化學煙火必須夠大、夠璀璨才能引起你的注意。煙火，總有一天會在你的夜空出現。但就算它永遠不出現，女生也必須維持自我的價值不變，活得充實、精彩，才不枉在世上存活幾十年的幸運。

單身是人生的一種選擇，不是因為選不上或沒被選上。而單身的人未必就孤單，而孤單的人未必是單身的。

婚後單身

孤單的人絕對可能是有了對象，甚至結了婚的人士。

婚姻——頭昏沒有原因。頭昏若是有原因，會是什麼呢？我依然相信世上仍有千萬對情侶，因愛昏了而共結連理，當然也無法漠視，為了其他原因而結為夫妻的那些人。

這些人在婚後幸福嗎？還是白天各分飛，晚上回巢時仍同床異夢？婚後，兩人是否會因為沒有彼此的愛而孤單，還是在共用一條被單的時候，保持單身的狀態？

迪士尼童話故事真的不應該被當作小女孩的愛情啟蒙。好多女生在成長的過程總是抱著被白馬王子拯救的英雄情結去對待愛情。帶著弱者和受害者心態生活的女人，往往懶得發掘那個堅強、有主見、最真實的自己。

在遇到自己祈望的類型時，就算婚後雙方的真性格慢慢顯露，發現彼此不合適，這種女生依然會假裝一切符合理想，甚至天真假想兩人相愛。理想還不如假想，即使兩人有多貌合神離。

我眾多朋友當中，有幾對是先有後婚的。當中有真心相愛的，另一些是為了負責任，才成家的。他們認為結婚總比不婚好。但是沒有愛情的婚姻裡，有誰幸福？男的心裡有別人，因而會嫌太太嘮叨、孩子太吵，不愛回家。女的則埋怨老公不愛家、不愛妻兒，進而更嘮叨，這麼一來男的就更不想回家了。然而胖嘟嘟的孩子如今是兩家人的重心，家裡老人疼愛有加。夫妻倆就更不忍心分手了。即使痛不欲生，即使沒有愛情，也為了家中老小，堅持不離婚。

在新加坡，高薪職位的其中一個條件，就是必須常常出差。有些夫妻為了維持上等的生活品質，必須各自出國。兩個人在兩個國度裡，過著兩種生活，幾個月下來，和自己的伴侶見面的機會比獨處的時間還少許多。獨立的兩人，感覺好像是跟自己結了婚。可是房子、車子和股票都是聯名買的，加上感情也沒有公開決裂，對方也沒有干涉自己的自由和戀情，實在沒有離婚的必要。單身還不如學現今日本夫妻採取的婚姻新模式——卒婚。他們稱這種關係為「從婚姻畢業」，不分手，追求各自的人生和夢想。

感情由濃轉淡，有時和距離沒有關係。有些人能夠像如膠似漆地愛著愛著就永遠，有些夫妻則沒有這種福氣。他們用另外一種方式走到永遠：分房睡，卻一起吃飯；分開和朋友交往，卻一起照顧家人；兩人小事無話可說，大事卻有商有量；忍受不了彼此的存在，對方不在時又會擔心。他們在很久以前就已不再是情人，而是變成其中一個家人。情人還不如家人。這令人有些害怕，究竟我們是像情人的家人，還是像家人的情人？

現代女性的英雄情結

因為眼光太高，而單身的女生，也不是沒有。說真的，高富帥、懂得照顧女生的，大概已經有了溫柔鄉；高富帥，懂得欣賞藝術的，大概跟你是姐妹；高富帥，還懂得浪漫的，大概是玩咖。懂得照顧你的，而沒有溫柔鄉的，大概不帥也不富；懂得藝術，而不是姐妹的，大概不高也不帥；懂得浪漫的，而不是玩咖的，大概不高也不富。組合太多，機率太少，有時還真的遇不到。

單身的好男人已經夠少了。更讓事情複雜化的，是女人對男人的期待依然沒什麼長進，不是「王子情結」，就是「英雄情結」。前者不過是希望自己獨特之處能在平凡的外表下，獲得有權有勢的人青睞，未來生活因而改善，就像《灰姑娘》一樣。

「英雄情結」則跟現代女性獨自堅強太久有關。有誰不暗自祈禱，在墜落的那一刻有一雙壯碩的臂膀把你接住？

寫到這裡覺得這篇有點沉重。不如我們來說一些有趣的，來分析一下《復仇者聯盟》中，哪一位最適合當情人。

最能同時滿足女性的「英雄情結」還有「王子情結」的，大概就只有鋼鐵人和索爾了。天才工程師東尼有錢有勢，之前是一個花花公子，是玩女人的慣犯。就算他已改過自新，對愛情專一，但由於他的心臟受過傷，恐怕很難跟你白頭偕老。哪怕他有再多鋼鐵人服裝，也始終逃不過死神召喚。

好吧，既然人類逃不過死神，那就來個不是人……的男神吧！索爾是北歐神話奧丁的兒子，等著登位。但因為他在下凡前從未來過人間，高高在上的他又怎會悉知凡人，為何會為柴米油鹽醬醋茶苦痛與掙扎？熱戀時期還好，一到了冷淡期，你們溝通就會出現問題。到了那時候，難說女神們不會施法將他擄走？

那麼我們來個最懂得人間冷暖的英雄 —— 美國隊長吧。曾是個遭人欺凌的弱小孩子，自願加入實驗才成為超級軍人的他，不僅長得帥，而且為人正直無私，算是個好老公的材料。可惜有些女生覺得他沒層次感，太悶。隊長除了熱衷於精忠報國之事，對其他的事物不是表現木訥，不然就是不感興趣。

綠巨人浩克夠層次感了吧。這類型男人平時一副憨厚老實相，甚至接近膽怯的樣子，確實有些惹人喜愛。可是別小看他，他也有英勇的一面，一轉念就能成為所向無敵的巨人。你愛的男人會加倍大喲！可是這也意味著他的脾氣也會跟著變大，破壞性強。有暴力傾向的男人，我看還是不要接近比較好。

鷹眼是個有家庭的人。既然他是幾個英雄中武力最弱的，反正能者多勞，他就沒有必要一直出征，可以在捍衛世人檔期之間抽空來愛家。這種男人最適合當情人，身手敏捷之外，眼力也夠好，你穿什麼新衣服他就馬上會發現，誇你幾句。只是我對家有武器這回事，感到不舒服。

也有一些女生幻想自己本身就是英雄。《復仇者聯盟》裡最顯眼的莫過於身手敏捷，但冷酷無情的黑寡婦。可是顧名思義，若本身就是個性格剛烈的女英雄，你大概就不需要情人了。

我建議，如果非成為《復仇者聯盟》裡的女英雄不可，請選能操控人腦的汪達。至少她的動作會優雅一點，你不怕因為太粗魯找不到男朋友。只是你最終還是免不了會懷疑，情人對你的愛究竟是出自於真心，或是被你洗腦的結果。

尋找跟自己相似的人，都是因爲我們更愛自己

但不要說沒有。我一些朋友就真的遇到英雄、王子集一身的對象！可惜那一段段童話故事般的愛情卻得不到童話故事般的結尾。

格林童話令我們相信「王子公主」，而現代戲劇、小說、流行歌曲詞作家卻令世界迷信另外四個字 ——「靈魂伴侶」。

我是罪魁禍首之一。但那也是因為，自小想法和行為都有些不符合常規的我，總期待那個最懂我的「靈魂伴侶」會在我的愛情裡出現。於是我在心裡孤單了大半輩子，繞了半個地球，才發現那是給自己設的一個圈套。

其實，根據美國作家湯姆斯．摩爾（Thomas Moore）解釋，靈魂伴侶是一個和我們自身深深連繫在一起的人，不必如凡人的刻意努力，就能彼此溝通和交流。

然而浪漫因子卻令我們誤以為「靈魂伴侶」指的是素未謀面，在機緣巧合之下，偶然認識，然後瘋狂愛上的一個人。這個人與自己總能不言而喻，但一開口就說中心裡辭不達意的話，一個眼神就治癒心裡不為人知的傷。更重要的是，這個人剛好也愛你。

但說真的，我們不應該因為迷信那一個人的存在，把愛情預留給他，而錯過眼前所擁有的幸福。

我這一輩子認識的人很多，當中有些與我是默契甚佳的，總能在最精準的時機裡說出最精確的話。但我們未必就必須成為情侶。

愛情的靈魂伴侶可以分兩種。

一種是愛上你之後變得很像你的人。一個跟自己完全不一樣的人，因

為愛你、了解你、遷就你，在從事你愛做的事情的同時，無意間模仿了你。他與你相處很長一段時間之後，漸而變得想法、舉止，連一顰一笑都很相似，這就是人稱的「夫妻臉」。對方努力經營的和諧關係，同步體驗的各種人生百態，因相愛而相似，終究成為你靈魂伴侶的可能性比較高。

第二種類：很像的人相愛。你們可能因為機緣巧合，可能因彼此分泌的「費洛蒙」而找到彼此。你們是「同道中人」，很可能擁有同樣的脾氣和觀點，因而覺得相處起來超有默契，好像在遇到了男版的自己一樣。你還沒說出口的話，他已經幫你說完；你想吃的東西，他已經買來了。你會因為這個巧合而興奮，因為大腦裡化學大戰的關係，誤以為那就是這一輩子愛情，予取予求。

因相似而相愛的，往往較難廝守，是因為愛情並不止是異性相吸，而是異性相「惜」。憐惜的「惜」、珍惜的「惜」。所謂「異」性不是指男生或女生，而是有差「異」的人。

第一類型：因相愛而相似的靈魂伴侶，在骨子裡會意識到彼此有多不相同，更努力地往彼此靠近，努力地互補。

第二類型：因相似而相愛的靈魂伴侶，因了解自己，而會在吵架的時候知道對方的要害是什麼，故意殘忍攻擊。人心始終是肉做的，會痛，會流血。這類型的靈魂伴侶比較適合當朋友。

人說：「在愛情裡不應該失去自我」，但完全自我，也是不行的。這個人人自戀的年代中，我們卻反覆愛上跟自己我們很像的人，或等著愛上跟自己我們一模一樣的人。

可惜，當我們在愛裡愛外都秉著一個堂皇的「我在找尋一個開始就懂我的人」的觀念時，我們就會忽略那個一直努力在懂你的人。

而萬一我們真的幸運遇到那個「一開始就懂我的人」時，我們卻因為太愛自己而變得自私，希望對方為自己變成另一個人。但你們兩個這麼像，你無從為他做出改變，又怎麼能奢求他為你改變呢？況且，當他真的變成另外一個人，和當初你愛上的那個大不相同的時候，你還會愛他嗎？

於是愛情就注定失敗。

於是受傷了，孤單了，對愛情失望了的我們，悟出了一個道理，不，應該說是藉口：最懂自己的人不外就是自己。

於是我們都喜歡，並選擇跟全世界最懂自己的一個人，那就是自己，約會，因此，單身。

所以說，單身的人也約會，只是對象是自己，或者……手機。

捨不得的是他還是繼續製造回憶的可能

當然有些女生選擇單身，是因為她們心裡放不下一個人。大腦的放映機總是不斷地播放同一段回憶，就像捷運裡的低頭族一樣，兩眼忙著盯住智慧手機，無法，也不想抬起頭。

回憶就像智慧型手機裡的影片，你忍不住一集一集地追看。當中的人物、情節、過程、結局明明再清楚不過，可是我們就是忍不住不斷地搜出自己最喜歡的片段，倒帶、重播，重看了再倒帶，尤其是你當一個人的時候。

影片中的他，明明就不是什麼滿分人物，但你總還是不忍心按下暫停鍵不再重溫。是因為他真的這麼好嗎？還是他做的事情、說的話，與你交流的瞬間令人為之動容？那劇集結束的時候，那種失落感，究竟是來自於他消失了，還是那些瞬間不再延續了？

很多年前我就在《無底洞》中寫過：「大多數人都相同，喜歡的只是愛情的臉孔」，我們愛的，或許根本不是那個人，而是戀愛時神經傳導遞質在我們大腦裡的化學效應，如 PEA 帶來的，對對方的興奮感；多巴胺帶來的，對愛情的癮頭；安多酚帶來的，對幸福的愉悅感。

或許我們在單身的時候會傷心，不是因為我們再也見不到那個人，而是因為沒有了愛情，就必須回返日常生活的平淡感，更沒有了再繼續製造回憶的可能性。

失敗不是成功之母，但絕對是最好的老師

我們常常會在娛樂界，甚至我們身旁的朋友身上看到一個情形。那就是俊男靚女到最後沒有終成眷屬，各自都與樣貌、才華差一大截的別人結婚了。身為旁觀者的我們不免會替他們感到惋惜，巴不得慫恿他們把前任追回來。

可是我們是明白的，現在的她已經不會再愛以前的他，而以前的他也不會愛上現在的她。

我就有一個女性朋友在自己的婚禮當天，不僅親自邀請新郎的前女友來喜宴，還主動向前，誠心誠意地向這位前女友道謝，感謝她之前用樂觀、耐心和信心跟新郎一起度過困境，讓他看見只要兩人齊心協力，沒有過不了的難關，分手是不願再放心思的結果；感謝她用失望、反感和淚水讓新郎看到愛情具有的殺傷力；要不是前女友的調教，她就不會遇到更好的版本的他。

對，並不是因為前面做的都錯，就算是錯，也不是枉然的，是一次次的姿勢矯正，會痛徹心腑，會粉身碎骨，但都是為了能更正確地對待下一段感情。前任們其實都是我們的貼身教練，訓練著我們一次比一次更有力地高高舉起愛情的旗幟，人是會變的，成功是來自於努力和運氣，並不是因為失敗。

現在的一次次失敗都是彩排，都是在建造更完善的未來，只是我們當下不知道而已。人說：「前人種樹，後人乘涼」，其實在感情裡更像「前任種樹，後任乘涼」。失敗並不會產生成功，努力比較可能會。所以失敗不是成功之母，但失敗絕對是成功的老師。

只是這個城市是為雙數而設的：雙人床、雙人座位、雙人舞……因此我們不免偶爾會為自己的單數，感覺擔心。

但我們真的無須如此，人的雙數，都是暫時性的。我們生來兩隻可以走近彼此的腳丫子；兩隻可以探測彼此聲音的耳朵；兩顆可以尋找彼此蹤跡的眼眸；兩隻可以擁抱彼此的手臂。但始終，我們就是以單數的狀態來到世上，在遇到另一個人之前都還是單身，最終走的時候也是一個人。

一個人，原本就是完整的，不是一半。

我們應該等待的，不是另一半，而是願意跟你一起走過人生高低的那一個人。

單

楊丞琳：唱　小寒：詞　NO NAME／余荃斌：曲

一推開門你我的身分，就從我們改了名稱。

擱下我，對抗適合雙數的城。

被單摺痕，揮霍的青春。你我也曾期待黃昏。

如今我，忙是過度矯正。

恢復單身不簡單，「我們」只剩下一半。

心像單人冷晚餐，有種填不滿的遺憾。

回到單身不簡單，好多人勸我勇敢。

一次次重來又散場，如何習慣。

昨日情人今天變陌生，朋友聽聞細心慰問。

卻讓我，像聚會多餘的遊魂。

旅途行程既有了變更，獨立完成感覺不完整。

你是我，感情狀態前任。

雖然單身不簡單，不過身旁少個伴。

空虛跟孤單無關，是愛不到你的遺憾。

因為單身的艱難，來自人們看情感。

總以為單身就悲慘，單身就單獨地取暖。

單身世界依然運轉。

筆記十四

關於婚姻：醜小鴨當然要變天鵝

《醜小鴨》就是另一個《灰姑娘》

於所有主導小女生愛情觀的童話當中，要數格林童話《灰姑娘》的影響力最大，那就是你即使現在又醜又髒，但總有一天會獲得上天的眷顧，蛻變成最美麗的模樣，然後就有真愛了。

其實《灰姑娘》和《醜小鴨》的故事是一樣的，不，應該說，醜小鴨是丹麥版的禽獸灰姑娘。主角開始的時候都是灰色的，受手足的排擠，在黯然神傷、獨自掙扎多時之後，突然來了一個幫你擺脫你噁心的命運的奇蹟。

這就是希望。然而這也是一種不切實際的希望，往往令一個人因無法接受現狀，而裹足不前，等待一個轉機。

原地踏步就沒有新的風景，沒有遇見新的旅人，幸福又怎麼會有新的景象呢？

所以一般上我會建議，滿身是灰的女孩不要老是坐在爐子邊等待神仙教母幫忙改善自己的外觀嘛。全身髒兮兮的，活像個掃煙囪的，王子哪分得出妳是男還是女的？好歹也該去洗個澡，把汙垢洗乾淨，臉蛋才露得出來呀，妹妹。

醜小鴨當然要變天鵝

到目前為止一直堅持的論調：夢想是名詞，想幸福就必須將它轉化成動詞。想得到什麼就自己用行動去爭取，自己去賺錢，而不是等著人家送、人家幫。

然而我現在要來說一句看似違背自己的話：在婚姻裡，醜小鴨一定要變天鵝，才會幸福。

什麼嘛，這不是在自相矛盾嗎？來來來，且聽我解釋。

變天鵝好，因為天鵝是少數終身為伴的鳥類，也就是說，天鵝從始至終，一輩子都只堅持一個配偶，甚至在對方死去後守節。很浪漫，是不是？是不是？

其實在大自然當中，終生廝守的天鵝，這種一對一的繁殖方法對於品種的延續非常不利。其他鳥類，譬如鴨子，會從眾多異性當中，選出羽毛光澤和叫聲最亮的鴨子。和最強壯的對象配種，生下的小鴨才最健康，最有生存下去的可能。雄鴨一般交配完畢也就拍拍屁股頭也不回。

可是天鵝寧願放棄鴨子這種既風流快活，又能改善下一代基因的繁殖方式，選擇與同一隻天鵝互相幫助，學習如何有效地孵蛋、翻蛋，一起培育後代，並從一次次的錯誤中學習，只求合作的默契越來越好。這次生下的小天鵝夭折或不夠強壯，沒關係下次再來，只要記得，不要重蹈覆轍就對了。

天鵝一夫一妻制這背後的理由實際又不浪漫。決定好在一起之後，雌雄兩者都不必再去煩惱討好異性這回事；和同一隻天鵝，會大大地減少患上性疾病，或找不到第二春的風險。雌雄雙方一年年下來，經驗越豐富，默契越多，更換伴侶對牠們老實說是很不「划算」的決定。

資料也顯示，雌天鵝在產卵時，雄天鵝會在旁堅守，萬一有什麼風吹草動，雄鵝都會拍打翅膀嘗試擊退敵人，在遇到敵害時也會勇敢搏鬥。牠們不僅在繁殖期成雙成對，平時也是。

大多的鳥類都不會只忠於同一個伴侶，尤其鴨子特別愛和其他的異性

「配對」。這就是我們人類眼裡的「出軌」、「婚外情」。但天鵝不會。雌天鵝甚至會在與伴侶分開時，食慾不振。天鵝聰明記性好、誰對牠好都記得，對伴侶的忠誠度，以及對育兒的態度，不是我們人類一直都希望能夠達到的幸福高度嗎？

要成為天鵝的原因，並不僅是因為牠們擁有，代表純潔心靈的高雅雪白羽毛，還有婀娜多姿的體態。而是牠們與生俱來堅持遵守的「婚姻制度」。

翅膀直徑不需要太長

傳說天鵝不是唯一施行一夫一妻制的鳥類，大雁也是。既然如此，為何不嚮往成為四海為家的空中旅行家：大雁呢？想想，嗯，還是不要吧。要知道，不是所有的鳥類都有成為比翼雙飛的大雁的條件，而且我心臟就不夠強大，要求也不高。我們的愛情翅膀直徑不如大雁的長，不能遷徙也沒問題，只要足以逃命，足以生存，幸福實在無須天外有天。

沒錯大雁除了對配偶忠誠，而且雄雁也會很盡父職，照顧好雛鳥。可是這關係頂多只能維持一個繁殖季節，夏天之後與你就如同陌路。況且，繁殖季以外的大雁是群體動物，睡覺、覓食、遷移時都以集群活動，還會用叫聲鼓勵一起飛行的同伴。擁有大雁般的愛情，意味著，除了交配，你永遠就只是他其中一個哥們。

我沒有這般豪情，我還是希望在自己心上人心裡是唯一，而自己也會專心地當個專屬情人，順便有空餘時間時，兼職當個知己。

再完美的鴨子，呱呱就是叫

女人跟男人不同的地方很多，但最明顯的就是在婚後一年，蜜月期過後，女人會越來越多話，而男人越來越沉默。

做妻子的，就算再漂亮，也會在結婚不久後，開始慌張，緊張兮兮地以為自己在丈夫眼裡失去魅力。有些會開始矯枉過正，開始布置家居、學烹飪、學跳鋼管舞，連在家裡也化妝；有些會開始疑神疑鬼，開始動不動就會一把鼻涕一把淚地質問丈夫：「我是不是變醜了？」、「你是不是變心了？」

我做了不少調查，結論是，其實大部分的男人回家不說話的原因來來去去就只有幾個。其中一個就是「懶」。要知道，當天鵝夫妻就是這樣的。一夫一妻制這背後的理由實際又不浪漫。決定好在一起之後，雄天鵝都不必再去煩惱討好異性這回事。情敵都擊退了，那麼用力來討好妻子做什麼？

另一個原因就是「累」。如果上班時必須應付很多白痴同事，應酬很多暴君客戶的男人，下班還得應付一個低聲嘮叨的瘋子時，男人說真的，還蠻可憐的。針對老婆的質問，男人的第一反應往往想往殼裡鑽，躲在殼裡看足球賽。可是不說話，更累，因為妻子會開始像是一隻在岸邊徘徊，「呱呱呱」叫的鴨子。

姐妹們，不是說我們不可憐。要知道，熱戀就像好萊塢電影的預告片一樣：精彩！浪漫！激情！於是我們衝著情節將會更唯美、有更巧妙的鋪陳的預感進入電影院，才發現最好看的畫面和劇情，都彙集在預告片裡了。其餘沒看過的都是一些不好笑的笑話，一些雷聲大雨點小的場面，還有男女主角毫無緣由，動不動就喊打喊殺的片段。

失望是自然和必然的。但我們都已經買票了，就姑且留在座位上等著把結局看完。但倘若你要是全程像一隻鴨子一樣，在愛情的戲院裡「呱呱呱呱」地叫，不僅打擾到別人，連自己的電影在演什麼，對方的對白什麼都聽不清楚。

男生在戀愛時目光不曾離開你天使般臉孔的雙眼，在婚後卻更愛看 23 個身高不高的男人在草地上為一顆球爭個你死我活。婚後，若你就只分得一隻耳朵，不要用鴨子的嗓音充斥這隻僅有的耳朵，否則他習慣了這個頻率之後就對你的存在麻木了。

還不如做隻優雅的啞音天鵝，不是發不出聲音，而是叫聲只留給召喚孩子或擊退敵人時使用，其他的時間，牠都要若無其事地趾高氣揚地在水面上，因為牠知道，在牠厚厚的煙燻妝下，不會有人看得出牠眼底的悲傷。

選擇你的戰役

天鵝受到威脅時，總是把羽毛豎起，將翅膀大大地撐開，再用牠類似喇叭聲的響亮叫聲把敵人嚇跑。但這一切都是虛張聲勢，因為牠們有自知之明，了解自己的骨架子其實並不扎實。天鵝的骨頭是空心的，根本經不起打鬥。或許因為如此，白天鵝夫妻之間很少起爭執。

雄天鵝懂得怎麼選擇自己的戰役。男人們也應該。

不要小看我們女生這些「你愛不愛我？」的問題。它們並不無聊，也並非簡單的是非題，而是「政治型」考題，也是一張生死狀。

我們女生喜歡看韓劇，然後稱裡頭的男主角為「老公」，甚至將和自己法律上宣誓過終生廝守的老公的照片從手機和電腦桌面上撤下來，換上韓國男星的美照，並不是完全因為男星俊俏的臉孔，而是因為他們對情人蠻橫的愛情，被我們解說為對愛情的態度堅韌。我們被自己的解讀打動。

老婆如果問：「我是不是變醜了？」，建議男生來學幾句我從朋友那裡聽來的肉麻對白。

「妳變醜？我看妳要變醜，是一件不可能的任務。不過我可以試試。來，過來，過來嘛，我幫妳畫兩道鬍子，看看會不會變醜。」

要是老婆問：「你會不會變心？」男人可以說：「我不知道耶，我在遇見妳的那一天就把心給妳了。妳要不要替我檢查一下，有沒有變？」

女生一般很吃這一套的，鬧彆扭時聽這幾句，腳就都軟了，更別說是沒有骨頭的心。但要是傷心至深的話，男人會發現，即使答案滿分，成績依然不及格。

那是因為我們女生會針對男生回答的速度來定你的罪刑。說得太快，答案一定是預先演習好的，表示你心裡有鬼；說得太慢，就表示必須考慮。妻子當下一定認為：「愛情是一種自然反應，如果連這麼基本的問題都需要考慮那麼久，那愛情壓根兒就已不復存在。」

你說話的口吻也是妻子定罪的一大考量。聲量太高、太急就表示你不耐煩；聲量太低、太慢，老婆就咬定你是個膽小鬼，愛不敢說，不愛不敢做。

更糟的是，萬一說錯什麼的話，妻子必定會一哭二鬧三上吊。還真是進退兩難，說也不是，不說也不是。

聰明的男人，會學天鵝一樣虛張聲勢，做做樣子。最管用的，最容易令我們女生停止懷疑自己的方式，就是一個緊緊的擁抱。正如兩隻天鵝求偶時用自己長長的脖子互相撫摸，形成一個心形。這景象是有點俗氣，但不可否認，牠有牠的魅力。

水一樣的女人

天鵝是水禽，離不開水，在有水的地方才能快活自如。水是天鵝的命脈，就像女人也是一段婚姻的命脈。女人，如水，是水。

給女生熱情時，她會沸騰，像蒸汽一樣奔放；給女生溫暖時，她會療癒，像懷抱一樣溫柔；但給女生冷漠時，她會凍結，像冰塊一樣堅硬、傷人。

除了能隨著溫度改變形態，水也會隨著裝滿它的容器變換形狀，正如女人在再奇異的環境中都能表現超然適應能力一樣。可是水的威力不僅如此，水是世上能溶解最多物質的溶劑。正如我所認識的一些女人，她們展現出來的包容性，超乎常人所能理解的範圍。

聰明的男人，要再次向天鵝討教，平時可以輕輕地嬉水，撥開水面，讓漣漪蕩漾開來，但從不會傻到擅自蕩起太大的波浪。因為天鵝知道，水棲的牠們不是魚，沒有鰓，再熟悉水性，自己都始終還是用肺呼吸，會被水淹死的動物。

離不開的親人

如果一個女生必須出得了廳堂、進得了廚房、相夫孝子、對丈夫凡事千依百順、一天到晚用嬌滴滴的聲音對老公撒嬌還甘心成為他的附屬品，才能算是滿分妻子，那我不止得不到滿分，我恐怕連及格都有問題了，更何況我是一個脾氣像爆竹、神經過敏又帶點神經質的女生。

我是一個頗為蠻橫的妻子，但我先生也不是省油的燈，我稱他為「蠻公」（野蠻老公的簡稱）。他絕不會因為我是女生而輕易放過我。見我行為不對時，他會毫不保留地批評；見我得意忘形時，他會毫不留情地潑我一身冷水；見我疲於工作忘了吃飯時，他會把我罵個狗血淋頭。他有膽量這麼做，是因為他知道我承受得了，我會在冷靜下來之後把他的話聽取進去。他是世上唯一一個能「治得住」我的人。

身為一個老師、一個母親、一個文字工作者，我引導年輕一代的責任重大。但也因為如此，我更需要一個視線無阻的旁觀者，一個思路清楚的局外者來提醒，我做得對不對，做得好不好。可惜沒有多少人有足夠的勇氣做這件事，也沒有多少人能夠在爭辯中說得過我。秉著他是我最愛的男生這個權利和優勢，他斗膽擔起這個「檢查哨」的責任。

縱然我們兩個總是意見不合，動不動就進行辯論會，但兩個初戀情人在四分之一個世紀後還能在一起，我們擁有的就不僅是愛情而已。

我們曾是情人，但我們現在是親人。在這段關係中，我們誰也不能缺少誰，就像一道拱門，兩旁彎曲的弧度若沒有對方可依靠、可依賴，早已倒下。

我們的依靠，不是「我靠著你的肩膀睡著」、「我靠著你的背取暖」那般肉麻橋段。我們也曾按照過「情人規則」，嘗試很浪漫地吃燭光晚餐、到公園散步、不顧隱私地卿卿我我、說說情話，但沒說出口就已忍不住咧嘴大笑起來。打從那一刻開始我就知道，我們做不了典型的浪漫情人了，我們只適合當有愛情的親人。

親人除了可以是親屬，也是值得自己親信、親近的人。在親人面前，我能做最真實的自己，無須偽裝，無須化妝。我什麼都能跟他說，因為我知道他會為我保守祕密；我什麼都能聽他說，因為我知道他說的話都是為了我好；我什麼都能不送他，因為他知道我已經把我最寶貴的 —— 時間都給了他；我什麼都能要求他，因為反正他已經把我最珍惜的 —— 他自己，都給了我。

正因如此，親人總是第一個被忽略，最後一個被想起的人。這一點，親人就連情人都不如。至少情人還有一個專屬的，一年一度叫「情人節」的商業化日子。因此我決定好了，就算爭吵，我們也不能冷戰，因為爭吵表示我在乎他的觀點；我也決定好了，就算骨子裡沒有一點浪漫基因，也要記得每一天讓他知道我感激他的存在，一個擁抱、一個眼神都好。

因為他在我們人類壽命有限的時間裡，給了我一個永遠。

好人家

世人總以芭蕾舞和安徒生《醜小鴨》去歌頌天鵝。但牠的愛情並不如鴛鴦一樣受詩歌和藝術推崇；也不如梁祝裡的蝴蝶一樣，能比翼雙飛，受人羨慕。然而低調就是天鵝婚姻美好的地方，天天安靜地在水面上滑動的生活，沒有轟轟烈烈，沒有軒然大波。只要有對方陪伴，偶爾泛起的水波只不過是將湖泊邊琥珀色夕陽反映成片片金箔的生命紋路而已。與一個愛你的好人共同設立一個家，就是我心目中嫁個「好人家」的定義。

好人家

喬毓明：唱　小寒：詞　黃韻仁：曲

於此七月七的乞巧樓，求執針之手。

噙淚亦不徒留，既是匹匹了斷絲綢，斬思愁。

休把門推佇立雨裡頭，雲晦了明眸。

一聲珍重哽喉，信箋墨跡研得濃稠，何處投。

潺潺河流，對飲悵惆，問君醉臥可會節憂。

此景何求，聚散終有時候。

等待，安得好人家。能接納，我的面頰，曾為誰而傻。

為髮釵剪去了寸寸繁雜的長髮。

等待，一戶好人家，能陪我忘卻那，深愛的一個他。

咫尺天涯，終會有個辦法。

鋼鐵即能化為繞指柔，紅線繞於手。

滑落更難停留，纏結成卷卷亂絲綢，斬思愁。

如盞燭光佇立風裡頭，駝了的垂柳。

離別難逃鶯喉，重疊身影思念濃稠，何處投。

拭走淚流，折起悵惆，葉落一地才知近秋。

織好繡球，姻緣喜把人逗。

筆記十五

關於孩子：用充氣球送你去外太空

無手冊、無演習的實地考察

以傳統標準來定義，我絕對不是一個滿分媽媽。我甚至可能不是一個好媽媽。我必須承認，我從來沒有幻想過，我會在經歷一場痛得死去活來的肚子疼後，將另一個人類從我體內「擠」出來，更沒有想過這一個原本只有幾十公分長，長得像隻猿猴，頭髮蓬鬆得不行的人兒，會有一天張開她兩片像蓮花花瓣的小嘴唇，露出四顆牙齒，對著我發出一聲「麼！麼！」的聲響。我萬萬沒有想到，當我聽到這兩個字時，會激動得尖叫，然後眼淚簌簌而下，把眼前的迷你人類，嚇得嚎啕大哭，以為自己做錯了什麼事。

我念過很多書，對科學，尤其是生物學算是頗有研究。嬰兒也是一種生物，按常理來說我應該很懂她；我當了四年的「小姨」才更新當媽，按常理來說，我對於餵奶、換尿布應該算是很有經驗的老手；在生產前，我啃了很多本育嬰手冊，按常理來說，只要照辦，就像照著食譜上來做，應該不會錯才對。

但事實並非如此，撫養孩子是一項無手冊、無演習的實地考察！

寶寶呱呱落地之後，被放在媽媽身旁。新手媽媽究竟應該要多久哺乳一次？每次哺乳多久才算足夠？多久換一次尿片才不會有溼疹？嬰兒經常哭是不是有問題？嬰兒不哭是不是也有問題？

「兵荒馬亂」是我當人母前三年的縮寫。

每一次發高燒、每一次嘔吐、每一次食慾不振、每一次深夜嚎哭、每一次紅疹、每一次脫皮、每一次……每一次的「每一次」是沒有前例可參考，都是上網查過、看過醫生、問過親朋戚友、嘗試過創新方法後，才知道答案的難題。可惡的是，這些「難題」從來不重複發生，獲得了的經驗從來都無法重新使用。

學飛

人說：「媽越懶孩子越勤勞」，唉，這道理我發現得太晚了。我誤解了「無微不至」的意思，以為當人母的使命就是凡事跟孩子有關的，我都必須以最快的速度做得最好。這無非是希望女兒能在無須操心任何一件事的環境中，專心著無憂無慮地長大。誰知，這也表示我剝奪了她練習，還有從錯誤中學習的機會。

她漸漸地，迷糊個性就成型了。

結果女兒小學前三年，幾乎沒有一天不落東忘西的：今天忘了帶資料夾，明天忘了帶某一個科目的作業，要不後天就忘了帶鉛筆盒。我幾乎每一天無論多忙都必須多往她學校跑一趟，有時甚至剛到家又接到她的電話，說又有東西忘了，害怕挨老師的罵。

當時的我是個名副其實的「直升機媽媽」，每次都會帶著她所需的東西「降落」在她校門口。為了第一時間到達學校，沒有駕照的我經常都是搭計程車去，乘公車回家，風雨不改。

一直到有一次送聽寫本子的半途，碰到了暴風雨。我忘了帶傘又怕被大雨耽誤，就一路往她學校狂奔而去。在進入她小學辦公室前，我從乾淨的玻璃門上，瞥見一位全身溼透的女人的倒映。她的瀏海一整片緊貼在臉上，不斷地猛滴著水，像是一道閃亮黑色瀑布。她身上的衣服溼得都變透明了，連內衣紋路都看得見，狼狽不堪。

哈哈，這女人怎麼這麼悽慘呀？我心想。咦，她手上拎著什麼？聽寫本子？呀！那女人不就是我嗎？

在這之前，我還不曉得自己原來一直有著如此瘋狂的行為！

玻璃門上的倒影眼裡冒著火光，嚴厲地責問我：「這位媽媽，我變成這個樣子是誰害的？」

「我。」我不好意思地回答。

「妳知道妳這樣做是在害女兒嗎？」影子繼續瞪著我。

「這是愛，妳懂個屁！」我當下咬定「這位太太」的觀點是錯的。

「把聽寫本子放進書包，是誰的責任？」她問。

「她。」我說。

「沒有帶聽寫本子的下場是什麼？」影子絲毫沒嘗試掩蓋不屑的意思，再問。

「挨老師的罵。」我回。

「怕挨罵，自己就不要做錯事，而不是請別人幫你隱瞞。」倒影罵著。

「……」我無言以對。平時精明的我，不知為何一碰到女兒的事情，腦袋裡就像一坨漿糊一樣，老是看不開。

影子是對的。孩子肩膀再窄再小，也必須承擔自己行為所帶來的後果的重量，才會領略每一個決定的重要。從此她忘了帶東西再怎麼苦苦哀求，我都一概不幫。大人必須讓孩子們了解，做錯的事不該期待別人解套，沒有安全網，孩子自然會小心一點。

女兒挨了幾次罵之後，健忘症絕對有好轉的跡象。

還有一件事能證明這個論調。她念小一、小二時，每一天都會遺失文具。每弄丟一支鉛筆，我就會罰她找遍全校後，手再挨一次打。我以為她會把這種痛的感覺銘記在心，下次整理鉛筆盒時多留意一些。然而她東西依然一樣一樣地消失，手心一次次地挨打後，依然沒有什麼長進。我累了，決定改變策略。她東西丟了，我無動於衷，待她七支鉛筆掉剩一支時，她就會額外珍惜了。果真沒錯，最後的那一隻筆依然堅守著職位，一直「不曾離去」。

若希望小鳥能拍打著健碩的翅膀高空翱翔，母鳥首先要忍心，要狠得下心，眼睜睜允許還不會飛的幼鳥從巢裡墜下。不離開鳥巢，寶寶就不會摔死，但也永遠不會飛；從鳥巢裡墜下，小鳥很有可能會摔死，同時也很有可能學會飛行。沒有危機感，小鳥就不會本能性地張開翅膀防止自己死亡，沒有危機感，小鳥就不會見識到自己也有自力更生的能力。

平行教育

我很幸運，女兒除了健忘，是一個非常用功的孩子，一般都會自動自發地把功課做完。因此她的功課還不算太差，幾乎每一個科目都平均 80 分左右。在成人世界裡，作品若是能得個 80 分，都可以開慶功宴了。可是 80 分對她老師來說，絕對不夠好。同學家長告訴我，她們全班所有只考 80 分的學生早已經補習了。

我首次當人家的媽，決定姑且試一試，說不定換個陌生人來給女兒學業上做些指導，能幫她發揮得更好。於是我們讓她嘗試了過兩個月的補充課程，但令人驚訝的是，分數不升反而猛掉，令人傻眼。

我們終於理解到，知女莫若母，女兒的優點和缺點就我最知道。

首先，老師的賞罰方式在女兒身上不管用。老師一般都會分糖果獎勵成績好的學生。女兒從來就不嗜甜食，糖果獎勵她沒興趣。成績不好時，被老師懲罰的她，因為從來就不是一個自尊心特別強的孩子，感覺不到受侮辱的挫敗感，自然領受不到這個制度的效果。

再來，女兒在我「東方派」的嚴厲管教下，成了一個過度謙虛、有禮讓精神的孩子。老師教課時她即使不懂也不好意思像其他孩子一樣，爭先恐後地搶著向老師詢問。

什麼事情、東西最令我們孩子傾心或害怕，我們最懂了。當老師們都在為這個小朋友達不到更好的成績而倍感洩氣時，我們意識到，這孩子擁有豐富的想像力，流動的思維，又怎能甘於受困在本地教育制度呆板的小框框內呢？

於是我們告訴孩子，她的未來將會像一片洶湧的海洋，無限潛能。但為了能夠到達那片大海，她必須先路過一條條的小溪、小河流，並在路過之時，勉強屈身於小河渠內，學習配合河流的形狀與速度。年少時教育就是小溪與小河，妳暫時得先忍住不奔馳，把每一朵長在河岸邊的花兒灌溉完畢，才能抵達五湖四海。

女兒最喜歡這種隱喻法，聽話地用功讀書。

再分享另一則和水有關的小故事。她讀到美國總統川普的移民禁令時氣得吃不下飯，一個人鬱鬱寡歡的，覺得世界上不公平的事太多了。我看她這樣有些可愛，卻又覺得發悶氣不健康，溫柔地坐在她身旁開始對她說話：「媽媽今天早上泡茶的時候，熱水把杯子撐破了，發出爆炸聲，妳有沒有聽見？」女兒對我突然挑起這個話題感到有些疑惑。我微笑地繼續說：「我發現，同樣是水，同樣是能量，水在獲得熱度之後，若收在封閉的環境裡，就只會導致破壞性的爆炸；但水在獲得速度之後，能載舟，能灌溉遠處的花草。氣憤只是一種心情的形容詞，而幫助別人才是動詞。」我猜，她應該明白了「好事，必須從身邊的人開始做起」的道理。

但身為母親的我必須承認，要每天想出各種有創意的句子來激發孩子學習，是一件很損腦細胞壽命的事情。孩子在認真讀書長知識時，母親也必須跟著學習，才跟得上她的視野；孩子在動腦筋想點子時，母親也必須跟著這麼做，才對得上她的創意。孩子往哪兒走你就得在她身旁充當旅行伴侶，有時她來帶領，有時由你牽引，一起學習，一起成長，一起犯錯，一起迷路，理解她了解的，在乎她所在意。就是我所謂的「平行教育」。

「因材施教」是一種比較「西方派」的育兒方法，但在我看來，十分奏效。全球獲獎最多的游泳巨星麥可．菲爾普斯（Michael Phelps）就是一個很成功的例子。他自小精力充沛，卻無法集中精神上課，功課一塌糊塗，結果 9 歲時被診斷出患有過動症。他的母親在知悉兒子將不可能在學業上有所作為之後，非但沒有嫌棄兒子，還毅然讓他停止服用藥物。相反的，她帶他去游泳，因為她清楚，兒子在水裡是最快樂、最自由、最自在的。麥可的母親深知兒子就只在乎游泳，於是透過游泳這項活動教育兒子如何控制情緒，如何分辨因果效應，如何為自己爭取榮耀。最後，成績是顯著的，一個在課堂上被老師視為敗類的男孩，如今是世上獲獎最多的運動員。

我們家小孩最喜歡的就是文字，愛看，也愛寫。我不知道過些時候這個興趣是否會延續，但目前為止情況似乎如此。我並非什麼女強人或強女人，能夠做的不多，不外就是讓她愛看多少書就看多少書，借的、買的都毫不吝嗇；她愛寫，只要做完功課，她愛寫什麼就寫什麼，我不會阻止她。我們也會特意省吃儉用，湊足旅費帶她到一些她在書裡旅遊過的景點，如瑞士作家約翰娜．施皮里（Johanna Spyri）在《海蒂》（*Heidi*）裡描述的瑞士小村莊、《安妮日記》（*The Diary of a Young Girl*）裡安妮藏身的阿姆斯特丹建築物、安徒生於丹麥的出生地等。雖然耗去我們不少血汗錢，但能為她愛書的童年留下一些印記，也未嘗不是一種欣慰。

從不會去期盼孩子長大以後會有什麼驚人作為，只要她日後能成為一個品格值得尊重，能以自己實力快樂地討生活的人，我就已完成為世界留下一個好人類的責任了。

我告訴她：「媽媽對妳以後做什麼職業都沒有問題，只要不偷不搶，我都贊成。只是妳必須清楚了解，不願意為了自己的理想而奮鬥，最後妳可能連最基本的生活條件都負擔不起，可是只要肯吃點苦，實現了理想，妳有更大的可能性能擁有更美好的生活。」

在她翅膀長硬，飛離她老媽子的懷抱之前，我要好好地與她並肩走過成長的路，不僅是給膽小的她一些陪伴，對我而言也是一種隨時可以拉拉她的小手、親親她的小臉，聞聞她至今還有一點奶香味的頭髮，充分地體驗撫養孩子樂趣的幸福。

前鋒、中場、後衛、候補

約十年前，我寫過一篇文章〈你要前鋒還是後衛作情人？〉，分析愛情的兩種情人：前鋒為主動討好，「進攻」你的芳心的類型；後衛則是駐守在你身旁，奉公職守卻沒有機會積極得分的的情人。我在那篇文章裡寫著，我選擇了後衛做情人。

沒料到十年後的我，重新陷入前鋒、後衛的局面。不過這回擔任起前鋒、後衛、中場，甚至候補的職位的人亦是我。

寫上述文章時，我還是個「前鋒」媽媽，眼球的視線、腦子裡的思緒從未離開過孩子一秒，一心一意地想還能為女兒做什麼。孩子肚子還沒餓，我就已想好餵食策略，盤算著甲計畫、乙計畫等；孩子人還未走向危險，我就已衝上前去把障礙物踢走。當時的我不停地衝刺，一刻也不歇息。

孩子念幼稚園時，我退到了中場的位置。時刻為女兒製造更多表現和學習的機會，我擴大了視野，腦筋不再只鎖定在她身上，而是專注於尋找各種可能啟發她提升自己的故事、新聞。我很欣慰在擔任中場期間，開啟了她對閱讀和寫作的興趣。中場也有防守的職責，我在那時便已在彩排當後衛了。

她念小五時，我就不常出現在孩子周圍了，希望她能學習如何獨當一面。然而和任何雌性動物一樣，做媽媽的我即使不再寸步不離，但我從不會拒她於方圓幾百里之外。我駐守在她的心靈附近，隨時陪她化解危機、替她安撫傷口。可惜後衛在贏球時，是很少會被提起的。

進入少女期的女兒已經不太需要我這個媽媽替她出頭，或讓她出氣了。如今我就只能靜靜坐在一旁當候補，等著她什麼時候需要我時，給我再一次出場的珍貴機會。除此之外，我只剩羨慕地望著她的新隊友與她共用球場，跟她一起歡呼、一起哭泣的目光了。

怕只怕，我這個媽媽很快就「過氣」了。因為就算一個球員貢獻甚多，但在新臉孔、新規則、新賽情和新時代的替代下，再被崇拜的臉孔也可能被遺忘。我們這些媽媽或許曾是孩子的不可取代的偶像、不可欠缺的避風港，但有一天，我們也難免淪為一張從牆頭剝落的褪色海報。

曾經，我一定是你的巨人

說到翅膀硬了，那天女兒溫柔地抱著我，說：「媽媽，我才發現，原來妳那麼小。」聽得我滿頭霧水。

「妳是說，媽媽個子小，還是很年輕？」我半信半疑，半開玩笑地問。

「個子小。而且有點矮。」女兒天真地回答，「最近才發現的。」

做媽媽的我突然熱淚盈眶。

媽媽我並沒有變小或變矮，那是因為女兒妳，最近長高了呀。

曾經，我一定是妳的巨人，把妳放在我像枝椏的臂膀上，伴著輕盈如風的哼唱聲，蕩呀蕩地，妳就睡著了。

曾經，我一定是妳的巨人，必須彎著腰，才能牽得到妳短短的小胖手，一步一步地，被妳用力地拖著往前走。

曾經，我一定是妳的巨人，趁妳蹲在遊樂場玩泥沙玩得不肯回家時，才一站在妳的面前，身子就擋去所有陽光，將妳的白天籠罩成黑夜。

曾經，我一定是妳的巨人，能將妳一個人怎麼扛也扛不動的書包，不費吹灰之力地甩在肩上，還能輕鬆拉著妳追巴士。

曾經，我一定是妳的巨人，有用不完的精力，忙完工作，做完家務，就會擠在妳小小的床上給妳說故事。妳必須挪出一大片位子才容得下我。

曾經，我一定是妳的巨人，站在地球上，一定是高大得晃眼就看得到世界的奇觀異景，人生百態，天天都有新鮮事跟妳分享。

曾經，我一定是妳的巨人，擁有最強大超能力的巨人，因為再大的打擊和風暴都打不垮我，衣服大得能吸收妳一場又一場的雨水，胸懷堅硬得能抵抗妳一次又一次的打雷聲。

曾經，我一定是妳的巨人，允許妳站在我的肩頭，幫妳達到妳一個人再怎麼伸手也搆不著的夢想。

曾經，我一定是妳的巨人，是妳最熟悉的世界，妳唯一認識的世界，妳的全世界。

可是當妳開始也長成自己的巨人時，妳就會發現，那個妳曾經必須昂首仰望的媽媽，今天不過是個和妳平起平坐的凡人。更或許有一天妳長得比媽媽還要高的時候，妳就會開始瞧不起媽媽了。關於我的一切，將開始變得渺小。

萬一發生了，媽媽不哭。我會面帶微笑目送妳流浪，並向妳道謝，因為要不是妳，我也不曉得自己原來有能力當另外一個人的巨人。

用充氣球送你去外太空

撫養孩子長大絕對是一種充滿樂趣的幸福，尤其對於我們「這種人」來說。因為從事文字工作，和音樂、劇場、出版社的人經常合作，不少人將我歸類為「藝術工作者」。我也樂於接受。

做劇場的朋友也有和我一樣大的女兒。我們常調侃對方，有錢媽媽可以常常用漂亮的服飾、化妝品為女兒打扮，我們也可以，只是收入不穩定的我們，只能給女兒們穿戲服、化舞臺妝。

可是我們能給她們一份份別人給不了的禮物——藝術作品。譬如我，能夠為她寫一首首適合她年齡的兒童音樂劇歌詞；為她寫這本書；讓她活在我流行歌詞創作的背景故事裡。更重要的是，讓她擁有一個能陪她天馬行空的好玩伴。

女兒與我比較像是朋友，因為女兒很懂得人情世故，而相對來說，我比同齡人孩子氣，所以我們之間雖然年齡差距有30歲，但可以聊的東西非常多。平時在家，我們會一起胡鬧（應該說是我胡鬧，她在旁邊很難為情地笑），也會很肉麻地抱在一起看書、看電視。

我要她知道，我能陪她把天上的「香蕉」摘下來，剝開「吃」掉；陪她細數海浪一波一波地幫沙灘蓋被子；陪她拎著充氣球，踮起腳假裝就快要升空去外太空探險。

不過說實話，在下還真的曾經幾乎用充氣球把女兒「送到外太空」去。

那年女兒才三歲，體重大概十公斤不到吧。我們家買來了一個有趣的長型充氣球，豎著放可以當不倒翁使用，拳頭怎麼捶打它，它都有站起來的辦法；橫著放則可以坐在上面，騎著它蹦蹦跳。剛巧那天女兒坐在長長的充氣球一端，指著她身後的空位，表示要我在她挪出空間裡坐下，陪她一起蹦蹦跳跳。

誰知我失去平衡猛然跌坐下，被我屁股突然壓下的那一端幾乎被我坐扁，女兒坐的那一邊則飛快地鼓了起來，把輕巧的迷你型女兒以迅雷不及掩耳的速度彈了出去。

印象中女兒飛得好高，好遠，大約兩秒鐘才重重地摔在大理石地板上。只見她臉部朝下，「碰！」的好大一聲落地，把我嚇得差點當場昏死過去。

我趕緊爬過去把女兒抱在懷裡，並檢查她臉部的傷勢。眼睛除了睫毛被眼淚給黏在一起之外，鼻子、顴骨都沒有骨折的現象。呃不對，嘴唇有點腫。我伸手想觸控，女兒就開口說：「痛痛。痛痛。」她的左邊門牙上牙齦紫紅色，乳牙都被鮮血染紅了。她降落時應該是牙齒先著地了。

「萬一牙通通都摔碎了，怎麼辦？」我既心疼又自責。

「乳牙啦，沒事的。」我的理智安慰我說，卻被我內心失控得咆哮的母性反擊：「肥豬。萬一腦震盪怎麼辦？」

平時的我對女兒都是無比小心翼翼的，怎麼會突然得意忘形，犯下這種天大的錯誤呢？真是天地不容啊，別說原諒自己，我有好幾天都寢食難安，神經兮兮地檢視她玩耍時有沒有出現昏睡狀況；守在她床邊盯著她胸口看睡著的她還有沒有呼吸。

我們天天都在等那顆正門牙掉落。誰知牙齦的瘀青退了，門牙依然沒有脫落，其他的乳牙掉了，它也依然沒有脫落。結果就是側門牙被擠到後面，造成了向外呲出犬齒，笑起來像個日本小女生。

在的媽媽，才可能是好的媽媽

常有人安慰我，每個人都會犯錯，更何況是手忙腳亂的新手母親。可是我了解從前的自己，是不會對自己失職導致孩子一次次受傷，而輕易放過自己的。對自己要求特別苛刻的人，長輩說這是進取心，但也有其中一位深中肯綮，說我這樣的緊繃性格日後必定會給自己帶來心理疾病。

我生了女兒之後，不幸患上產後憂鬱症。沒有好好做心理建設的我，在之後的十幾年內仍然有陸陸續續復發的情況。最嚴重的一次乃在 2008 年。當時我身兼多職，在實驗室裡擔任全職的科學研究人員，卻仍不願放棄能想寫出更好的歌詞的心願。於是我每天一下班就開啟電腦，對著螢幕。

為了讓自己能對世人的苦悲更感同深受，我不斷地往不好的記憶，還有別人的悲慘故事裡鑽，把結痂的傷口活生生地掰開，讓自己能感覺切身之痛。每天的疲勞，加上自己每天這樣不斷地將情緒推到極端，我終於將自己整垮了。我幾乎每天都抱著電腦，在沙發上哭。

那年女兒還很小，口齒不伶俐，卻已懂得疼惜媽媽。她個子不高，但看見我哭時，總會設法踮起腳，用她短短的左手撐著身子，再將小右手往櫃子上擺著的紙巾盒裡摳，抽出一張紙巾來為我擦眼淚。

大部分的時間，她是成功的，遞給我面紙後會站在我的正對面，用大大的眼睛一臉疑惑地看著我。有時她在抽紙巾時把紙巾弄破了，她會一臉不好意思，那表情可愛得我都忍不住破涕為笑。也有時她姿勢不好，會失衡摔一跤，跌坐在地上，忍著不哭。可我卻無法上前去安慰她。

更有一次，我在沙發上哭著睡著了。午夜時分老公下班回家發現全家燈還亮著，嚇了一跳，拍醒我，慌張地問：「女兒呢？」我們神經兮兮地找了客廳、廚房和廁所，最後發現女兒在自己房裡睡著了，燈卻還亮著。她太矮，搆不著電燈開關，原本想等著我醒來幫她熄燈，可是等著等著就睡著了。

我內心泛起一陣內疚感，哭了。因為哭了，內疚感又加重，結果哭得更厲害了，久久都跳不出這個惡性循環。可是我心裡是清楚的，為了女兒，我必須好起來，於是我在 2008 年毅然辭去了實驗室的工作，將重心放在家庭和文字創作上。很緩慢，很緩慢地，我走出了陰霾。我將那一段灰濛濛的日子，寫進了曹格的《寂寞先生》，並從那時開始籌備我第一本書《眼淚是膠囊》，積極面對人生。這一切，都是為了女兒。

老一輩總說：「不要在孩子面前哭。不然她童年會有陰影。」我也擔心啊，這些年我都細細觀察女兒，深怕她心靈受創傷，儘管理智的那一部分我提醒著自己，看到父母的真情流露的孩子，會比關在人造的極樂世界來得更懂事。

女兒看上去一直都是那麼地開朗迷糊、天真單純，比起同齡孩子她並不心機謀略，對人毫無戒心，城府也不深。

唯一不同的是，她較為敏感、有同理心、心思也很細，大概跟她媽我在她小時候經常哭泣有關。誰要是受委屈，女兒總是第一個上前給對方擁抱的；誰要是在班上被排擠，她就是第一個上前跟對方做朋友的。

比較令我心疼的是，她創作的文章裡，出現過好幾次的：「媽媽又哭了。」一個母親若出現健康問題，孩子必定還是免不了會受影響的。做母親的我們，真的必須好好的。在那之前，善待自己多一點吧！

媽媽們，我們常不自量地以為自己可以為了孩子，變成不眠不休、不吃不喝的超人。可惜我們不是。我們務必正視到自己是骨頭和肉做的一個人類，不照顧自己，身體出現狀況，就不能和孩子在一起了。在孩子的世界裡存在著，比任何事情都重要。這和在飛機上遇到氣流時，大人應該先給自己戴上氧氣罩，才替孩子戴的道理是一樣的。

比如，送孩子去托兒所，好讓自己有喘息的空間？沒有什麼好愧疚的。

累得坐在地上，承認自己真的想放棄？沒有什麼好道歉的。朝九晚五的單身上班族都會喊累，更何況是不上班，但也從不下班的媽媽。

孩子在公眾場所失態地尖叫？沒有什麼好臉紅的。當過父母的都會了解，沒當過父母的給你白眼的，總有一天會有輪到他遭遇相同的尷尬場面的。

被孩子氣得在公眾場所失態地大聲吼？沒有什麼好不好意思的，但這個你必須之後向孩子解釋並向他道歉，不然他會有樣學樣。

孩子不肯吃飯，索性給她零食或讓她挨餓？沒有什麼好大驚小怪的，我們自己偶爾也不是把零食當正餐吃？或為了擠進小一號的洋裝而不吃飯？

媽媽們，學會放過自己吧。健康、健在，能在孩子憂愁時擁抱他、保護他的媽媽，比任何傳奇性，自我犧牲的偉大母愛，更加實際更加實在。在的媽媽，才可能做好的媽媽。

孩子，我的名字不叫「媽媽」

另一個我們媽媽能為孩子做的，就是永遠都不要失去自己的名字，不要只是孩子嘴上的「媽媽」，丈夫嘴裡的「孩子的媽」。

「媽媽」是偉大的一項職務，卻總是淪落為最渺小的。

女兒長大一些之後，我就開始帶她跑通告，讓她出席我的座談會，讓她知道她世界裡的「媽媽」，其實在外面的世界裡被人稱為「小寒」。我必須讓她見證到在家中溫柔滑稽、蓬頭垢面的媽媽，在職場上也能展現出該有的風範；那個在家中為瑣碎家務事忙碌的普通人，也在積極地經營自己的人生和事業，提升自我價值，正如她應該積極地為自己的學業與未來奮鬥一樣。

孩子是大人的反射面。神經專家的研究發現，年幼的孩子在智力開發以前，模仿是他們其中一項學習的方式。因此孩子從出世開始就已經開始模仿和自己最長時間相處的人的生活作息與舉止。這個人，就是指標。

青少年崇拜偶像，是有原因的，不完全是因為外型，有一部分原因是偶像持有一些自己沒有的特質，比如奮鬥精神、愛心等。

我們無須幻想自己能成為孩子的偶像，畢竟我們大家都沒有那種顏值。但這並不能阻止我們成為孩子欽佩、甚至模仿的對象。在觀察過我們身體力行之時，即使家長沒有刻意灌輸，孩子也會學到正確價值觀。

身邊不少女性在有了家庭之後，就甘心於成為「某某太太」、「某某人的媽媽」這種稱呼。她們成了丈夫的附屬品，成了孩子的附帶品，完全失去了自我的存在感。

請想像，如果妳連個名字都沒有，自在地允許自己淪為無名氏，妳憑什麼去期待自己的孩子去為自己爭取些什麼？如何期待他們去闖出個名堂來？妳不尊重自己，他們又如何尊重妳呢？

在家帶孩子，是一項高尚、艱巨的苦差。無人賞識，沒有薪水可言，更別說什麼升遷的機會。但這是我們的選擇，就為了能讓孩子健康快樂地成長。

從事妳愛做的事情：閱讀、烘烤、手工、舞蹈、做義工等等活動，讓孩子看到妳除了照顧他以外，還有別的才華和興趣，讓他對妳另眼相看，讓他打從心裡覺得妳是個「酷」媽。當然如果妳有本事做「辣媽」，那也行。

維持妳的獨特性，不讓自己消失於一個無名無姓，叫做「媽媽」的族群，才能成為好媽媽。這是我的「育女心經」裡，最重要的一句話。切勿忘記。

有愁必抱

蘇永康：唱　小寒：詞　方大同：曲

情話好聽瞞不過你眼睛，那我該慶幸奉承話我不行。

否則你的愛情怎麼會降臨，我遞給你紙巾的樓頂。

女孩為何總讓我覺得應該，為你保鮮這份可愛。

一邊給依賴一邊等待，你更愛我的那天到來。

也是種未來。

你有哀愁有我給擁抱（我會給你擁抱）

你有要求對我也很重要（有求必應更重要）

你若淚流有我陪你聊，像件外套抱著你慢搖。

讓你恢復笑容是我的自豪。

Love 要怎麼拚用行動證明，要全天供應關懷不暫停。

懂珍惜的年齡不管不公平，幸福的美好要握緊。

兩個地球人相遇憑巧合，那一刻一切都值得。

擁著你還缺什麼。親愛的你，你不懂自己有多獨特。

章節十六

關於生命：用動詞活成一個形容詞

嘴巴沒有刪除鍵

命理學家也好、風水師傅也好，在幫我的朋友看相的同時，也總會順便幫我看看生辰八字。幾位都在分開的場合裡，告訴我 40 歲過後我將會往教學、講課方面發展。

我笑了。我？我這個口才頂多剛剛及格的女生？

我當初正是因為口才不好才轉向以寫作表達自己的。10 年前為了尋找接班人，我開始開班授課，也因為前三本書的關係，跑了好多校園，口才漸漸好了起來。不少來聽我授課的學生、公眾人士都會上前來誇我演講得多好。

但他們有所不知的事，我的童年經常是在沉默中度過的。我和我姐的性格非常不同。她外向又自信，說話的聲音響亮，嘴巴又甜，深得長輩的喜愛。我呢，因為較為害羞，越是少說話，遣辭用句就越缺乏練習，以至常常得罪人。

我爸在我們小的時候是種蘭花的。為了照顧農場，他不跟我們母女三個住在一塊。我們一起擠在外公外婆租來的一間新加坡紅山區一房半廳的國宅裡。父親每週兩天會抽空來探訪我們。

雖然我們並不太親密，但我還是非常想念他。於是每逢他要到來的時候，小小的我就會爬上一張放在靠窗位置的餐桌上，隔著生鏽的鐵窗往他走來的方向眺望。我視力超好，可以看得很遠很遠。父親從來不更換他的穿著，來探望我們時，總是一件短袖米色襯衫配搭黑色長褲。從遠處非常好認。

我並不知道父親下車的車站，其實是在一所醫院後面。我只知道父親總會第一時間出現在醫院門口。於是我的目光總是鎖定哪裡，希望能早一些看到他的身影。一旦看見他，我的視線就會沿途隨著他的腳步，一直到他抵達我們租屋樓下。這時我就會興高采烈地守在大門後面，等他敲門！

大門一開啟，我就會從門後跳出來，興奮地在父親面前跳呀跳的，嘴裡卻一句話也說不出來。我姐這時會跑過來，從父親手裡拎過東西，然後用半責罵半撒嬌的語氣問他：「爸爸，怎麼那麼晚？」嚴肅的父親臉上不禁對貼心的大女兒露出一絲微笑。

還在一旁又蹦又跳的我不甘示弱，卻一時想不到要說什麼，只好胡亂冒出一句：「爸爸爸爸，你是不是從醫院來的？你是不是生病了？」

然後「咻呼！」的一聲，我感覺我的大腿一陣刺痛，原來我挨藤條了。老一輩最避忌聽到「醫院」、「生病」這些詞彙。

我小時候經常在最不恰當的時間說最難堪的話。比如父母吵架時，我秉著勸架的原意，問兩個在氣頭上的父母：「你們不要吵了。是不是要離婚？」然後，我發現自己被拉到一旁，就聽到「咻呼！」的一聲，屁股上一陣火辣辣的痛楚。

還有一次，我問一位眼鏡鏡片非常厚的親戚，他是不是看太多電視，所以近視那麼深？「咻呼！」

挨打，是因為父母不希望我看起來是一個沒有教養的孩子。他們心裡非常清楚，觀察入微的我，偏偏不懂得察言觀色。我其實是沒有惡意的，只是我的舌頭總是動得比腦筋快。吃藤鞭，才能讓我記住，下次說話要經過大腦，因為嘴巴是沒有刪除鍵或橡皮擦可用的，說就說了，錯就錯了，不能挽回或反悔了。

母親為了要訓練我的說話的技巧，教我將要說的先寫下來，反覆地練習，這樣就不會說錯話。因此手寫，自此成了我與別人溝通時，所做的第一個步驟。慢慢地我愛上了寫作。

況且寫作還有一個極大的優點，寫錯了，還能重新來過。

提手旁的人生才重要

手寫也好，打字也好，文字工作能允許我把想表達的話一次一次地審查，一次次地刪除再重寫。我喜歡用手做事，喜歡用行動來證明自己活得精彩。我可以一天打上幾千字的文章，再做上幾小時的家務也不嫌累。反之應酬對我來說，很累。一小時的社交，往往需要至少一天的康復期。

我也不喜歡跟喋喋不休的人交往，尤其動口不動手的人。人說：「君子動口不動手」，對不起我不是君子，我也不喜歡這種定義下的所謂「君子」。因為不愛幹活的人，往往就是那些要麼喜歡發號司令，要麼喜歡嘴上說說而已的人，因為他們都以為話說了，另一個人聽完未必會做出什麼反應。沒有反應，沒有動作，也就無憑無據，自己也就不必實踐剛剛許下的承諾。

字形「扌」念提「手」旁，而「手」，在生活當中，是人們用來將夢想付諸於行動的身體部位，因此部首提手旁的字都跟「行動」有關。

邊旁部首為提手旁的詞彙，大多都是動作。如：「推」、「拉」、「扔」、「掃」、「拆」、「搖」、「揚」、「揭」、「抱」和「打」，都能移動一件物品。就算不是大動作，如「撫」、「抄」、「扛」、「撐」、「扶」、「指」、「拎」、「揉」、「折」和「按」，也一樣能改變人事物的現狀。

或許正因如此，大家都潛意識認為「做」比「說」來得辛苦，來得費力。

其實不然。說話一點都不簡單，也不省力氣，需要到用身體很多部位，因此必須花費很多力氣。要發出簡單的一聲：「啊！」，需要動用嘴巴、臉頰、聲帶、胸腔、腹部等等，大約一百種位於不同部位的肌肉。

相反的，把手提起來，看似較為費力，但其實事實並非如此，需要的肌肉有二頭肌、斜方肌、棘上肌、三角肌；是不少，但絕對沒有說話來得多。也就是說，提起手辦事，效果立竿見影，更快獲得解決，卻依然沒有像說話時花的那般多力氣。

言字部首也有好多字，看起來好不善良：「譏諷」、「誹謗」、「計謀」、「詭計」、「諂」媚、「誣」蔑、「詛」咒、胡「謅」、造「謠」和「誘」惑。

世界上也的確有不少人能憑一張嘴打出一片江山來，譬如一位聲音辨識度很高，聲音很悅耳的歌手，使用較多的，當然是口。但你聲線再好，不把自己的歌唱「拍」下來上傳在網路上，或「報」名參加比賽，或多到音樂場合與相關音樂人「打招」呼和「打」交道，用「扌」做出實際行動，聽得到你的聲音的，就只有鄰居了。

路是人走出來的，腳下的草被踩著

從事都市計畫的人再多設法策劃周詳、再多有遠見，還是難免會鋪陳一些遠路，要人們繞呀繞的，才能抵達目的地。要是他們真的如此神通廣大，那麼條條大路就真的能通羅馬了。

不知是現代人生活步調太快，還是時間太少，我們都缺乏繞道而行的耐心。有些人即使腳上穿著名牌鞋子，依然會為了趕時間而選擇走泥濘路。為了能更快達成自己目的，於是對於一天天、一遍遍地踩在小草的頭上，一點愧疚的感覺也沒有。久而久之，小草死了，就為了讓你能有捷徑而讓路了。路是人走出來的，但這過程中，我們犧牲了多少不起眼，無從申冤的小草？

成名、成功都沒有捷徑，但有些事情是可以討教的，至少過來人能告訴你前往成功路上哪裡有坑洞，或者哪裡是死路一條，協助你少走點冤枉路。

教育基本上就有這個功能，是過來人傳授怎麼在某種技能上更有效率，因而得以改善生活品質的方式。這個過來人是老師，而還在一知半解，掙扎著求存的人，亦是學生。過來人或許因為運氣也好，多年的磨練也好，終於找到了竅門，因此透過授課來指引別人如何用最快的速度抵達成功。最快的速度指的不是捷徑，而是如何在沒驚沒險的情況下，走完本來就打算要走的那條路。

世上可以向有經驗的人討教的事情多得數不清：算術、化妝、烹飪、修車、畫畫、樂器、投資……甚至泡妞。唯獨幸福不行。

沒有人能教你怎麼幸福，沒有人能教你怎麼在尋找幸福時少栽幾個跟斗，沒有人能教你抵達幸福最快、最短的路程怎麼走。幸福正是如此。

付諸於行動，才可能會找到幸福，即使兜兜轉轉。

我們老說「錯過」。為什麼不可能是借過呢？

如果你們誰在那一瞬間都沒察覺對方的存在，那你有什麼需要可惜的？

如果你能為那個跟你擦肩而過的人感到惋惜時，怎麼不轉過身喊他的名呢？

怎麼不想想，他是否也有看到你，卻不願停下腳步？這樣的人就算挽回也大概不會久留，因為你在他心目中的地位並不重要。

我並不宿命，但我性子比較急，做人也比較乾脆。如果兩個人寧願錯過、難過，也不願把自己的脖子扭過去，拉開嗓門叫住他？就表示他不值得你這些動作，你就只是跟對方「借過」了。那麼錯過，只不過是自己生命中的一種前進。

幸福沒有捷徑，還好有捷運

植物的「植」字拆開，就是直直的一根木，而「動」物簡單看來，指的就是會動的東西。假若把根往泥土裡扎得深深的，不能自如地從原地離開的植物能為了光而移動身體，那麼我們這些「動物」又有什麼藉口呢？

按照常理來說，出生於70年代的我，本應感覺到越來越老，但我沒有。相反的，我感覺更年輕、更有活力了。沒有，我沒有改變造型或髮型，更沒有到韓國，或美容診所注射肉毒桿菌或玻尿酸。我除了洗面乳和卸妝水，幾乎什麼美容產品也不用。

我所改變的，是生活作息。

年輕時的我，因為討厭流汗，很少做運動。不運動的人，新陳代謝率必然較低，會沒精打采。為了提神，為了試著能在任何的一件事情上獲得滿分，我猛喝咖啡，咖啡館的、咖啡店的、甚至連咖啡粉我都不放過。攝取太多咖啡因的下場，便是睡不著，即使睡得著，睡眠品質也不好。

熬夜的結果就是白天昏睡。為了提神，我喝更多咖啡了。缺乏睡眠，加上咖啡因促使的心跳加速，令脾氣原本暴躁的我，心情更急躁了。我時刻皺著眉頭，看上去心事重重的，滄桑感十足。

不運動的人，新陳代謝不了脂肪。我為了要成為男生眼裡的滿分美女，節食減肥。營養缺乏的情況下，身體會將營養素都預留給重要功能，不會直接影響性命的器官如皮膚、毛髮因而會變得黯淡、粗糙。

沒有熱量可燃燒的我為了不想懶洋洋的，就只能喝更多咖啡……

運動，就是打破一整個惡性循環的最大功臣。

如今的我們堅持每一天都進行戶外運動，不是跑步、快步行走，就是踏滑板車或騎腳踏車。這些帶氧的活動在促進血液循環的同時，能引發血清素和安多酚，促進和家人之間的感情。感情好、身體好，心情自然會好，也在這幾年裡，幫我抗鬱。

這跟我的工作態度是一樣的。我不會去跟誰爭誰多或誰快。用自己的步伐，一步一腳印地完成全程才是重點。

如今我能在一滴咖啡也不沾也不會打瞌睡的情況下，精神飽滿地將工作完成。身體裡有 300 萬個汗腺，燃燒的熱量自然很多。因為不必擔心燃燒不了脂肪，就能隨心所欲的品嘗各種食物，無需刻意戒口，能充分地享受生活。

就算你因為某種原因而不能經常運動，但至少到一個從未去過的國家旅行吧，將自己從以事業為中心的熟悉環境裡拔出來，投入全新的世界。打亂規律才能促使自己在回來的時候感覺活過來。

到一個從未去過的國家旅行吧，當你發現自己在這個世上其實有多渺小時，生存的意義會加強。讓感官再次復活，要不然我們每天都在一塵不變中一點一點死去。

到一個從未去過的國家旅行吧，用皮箱裡的三套服裝和一雙鞋去學習極簡主義，去重新領悟「擁有」這個名詞的意思。之後，你會減少對物質享受的追求。

到一個從未去過的國家旅行吧，透過當地人的生活，來反省自己有多幸福。透過危機去訓練自己的應變能力和幽默感。

到一個從未去過的國家旅行吧，和自己，還有心愛的人相處。少了工作、交通和電郵的煩擾，去重溫「愛」是什麼意義。

去執行走爛一雙鞋的那種旅行；那些曾經迷的路，那些住過的，門不能上鎖的飯店，那些點錯的不知名，勉強嚥得下口的食物，還有那些語言不通時的比手畫腳和傻笑。

旅行或運動能暫時讓你把世界拋在腦後，待你回來時，一切都沒有那麼揪心，那麼重要了。當時糾結的心事，將會變成一個故事，甚至是一個有趣的故事，令自己大笑的小事。

想笑就笑，牙齒歪、魚尾紋、眼睛小都沒有關係。因為笑容是有感染力的，是最美的彩妝，人也會看起來比較年輕漂亮。假如你如我一樣，從來就不是滿分女生，那我們都沒有美女的包袱，不必太在意拍照時哪個角度比較顯瘦，哪個姿勢比較有女人味。

你笑的瞬間，自己的世界將會變得輕盈，輕盈得快飛起來，周遭的人都被你的快樂所感染，他們眼前的天空會頓時亮起來。大家那一刻，都幸福了。

幸福是沒有捷徑，還好生活有捷運，能帶你去散心。出去走走吧。

人的價值不在於你做過的，而是你能做的

正因為我幾乎未曾在任何一件事上得過滿分，我更懂得如何從生命、生活扔過來的如此多的「差一點」和「差很多」中，提取一個個足夠讓我寫

成歌詞和書的故事，然後透過這些故事，看得到幾乎滿分的幸福。

總會有人說風涼話：「拿了那麼多個獎，當然幸福啦！」

正如我因為不認識你，沒有資格評論你，也請你以禮待我。你有你的挫敗，我有我的掙扎，人類生來無論就得一把矮板凳，還是高板凳，誰都不容易。

我的學位、曾工作過的場所、發表過的歌詞、得過的獎項與提名、寫過的書，都是我做過的事，是我的工作履歷上多出來的幾行字。

有些人覺得這幾行字重要，因為它決定了自己的價值。他們這麼想並沒有錯，因為未來雇主或合作夥伴，甚至你的支持者，都因為不和你生活在一起，對你並不算徹底了解，因而無法憑著你的人品或擅長來決定你的辦事效率。他們唯有根據你曾經完成過的較重大的事件，來推算你接下來是否也會有所作為。越有名望的人，貼著的標籤上的價格數字越大。

有過的成就沒什麼好驕傲的，因為說不定那一次的成功，不過來自一時的幸運。這次成功了，然後呢？

然後，要是你接下來在一個不同的環境，或換了一個合作夥伴後，還能複製這般成就，甚至超越自己，取得更好的成績，這才是真正的本事。

我深知自己看待世界的角度有別於常人，因此我了解到自己接下來應該不乏創作靈感。我慶幸家人在我小時候便開始在我性格上雕琢，將我磨練成一個能夠為自己心愛的人與事吃苦的人。我感激生命的不完美給我留下許多故事，供我日後寫作時參考。

我交際手腕、口才都不夠好，不喜歡故意和明星們打交道，華文底子也不及其他文字工作者來得深厚。但依然還是有著名歌手願意越洋來電邀請我為他們寫歌詞，因為他們曾經和我合作過，對整個過程和成品都算滿意。這些合作夥伴連我之前寫過什麼歌詞給什麼人，得過什麼獎，一概不在乎。他們在乎的，是我能否幫他們表達他們內心最深處的渴望。他們懂得我的價值。

同樣一句話，人的價值不在於你做過的，而是你能做的。

成熟：還在對成長這件事熟悉

為了這個部分，我訪問了幾個我認為很成熟的人們。他們對於成熟的定義都不一樣。

有一個說：「成熟就是在任何時候都做對的事情。」

另一個說：「成熟就是在任何時候都不能表現出幼稚的行為。」

其中有三個說：「成熟就是有責任感。」

同樣幾個說了：「成熟就是把別人的幸福看得比自己的重要。」

還有一些稍微年輕一點的說：「成熟就是在夢想跟前選擇生活。」

這麼多呀，我才發現，別說是成熟，我甚至還在對成長這件事情熟悉。

「成熟就是在任何時候做對的事情。」嗯……沒辦法耶，雖然我已經年紀不小了，但還是熱血得很，依然會因為衝動而做出錯誤的判斷和選擇，那我該怎辦呢？

「成熟就是在任何時候都不能表現出幼稚的行為。」我知道很多時候，我必須有氣度、很高級地處理事情。說真的，我沒有辦法。就算我使用很高 EQ 的處事方式，但我說話、舉止，動作都活像個粗魯的男人婆，對方大概接收不到我的高 EQ 吧。「幼稚」必定是我給剛認識的人的印象。

「成熟就是有責任感。」還有「成熟就是把別人的幸福看得比自己的重要。」這兩點我都有盡量做到，但是同樣因為我的 IQ 和 EQ 不夠高，「責任感」會被視為「不近人情」、「做事方式死板，沒有伸縮性」。而把別人的幸福擺在自己之前，做多了，做久了，大家都習以為常、理所當然了。這麼一來，你的「成熟」就頓時變質、貶值了。

「成熟就是在夢想跟前選擇生活。」是我最想討論的。當我身邊一個個音樂人為了奶粉錢、為了買房子，而紛紛放棄音樂和文字之時，我反而將我一份高薪，還有被人視為「高尚」的職業辭去，選擇了一份收入不穩定、被某些老一輩視為「低賤」的戲子工作。

我熱愛科學研究，成為一位能夠在醫療界有所貢獻的科學家是我的夢想。但我更大的夢想便是將華文文字，透過流行文化發揚光大。

說我做錯事也好、魯莽也好、沒有責任感也好、自私地把自己的幸福當成優先都好。

我這個人有一個優點（也是我的缺點），對於自己做過的選擇，我很少後悔，很少回頭看。因此我可以在文字的夢想內很自由自在，也希望能在文字的夢想外，一樣自由。

一個比我成熟的人大概會選擇留在實驗室裡，緊抱著自己的鐵飯碗。但我選擇離開科學研究，從事中文文字並不是一個沒有經過細心計算的抉擇。我理解「抉擇」都是提手旁部首的詞彙，是顛覆現狀的動作，於是更為小心。我在實驗室工作了 12 年：六年用來攻讀博士學位，六年從事博士後科學研究，但我這 12 年內我也在同步進行我的填詞工作，一直到人脈打通，版權收入開始穩定了，才辭職。

如今我能夠在家照顧家庭。足不出門也好，在外頭也好，我隨時隨地都能填寫歌詞、撰寫專欄。這本書，就是在女兒校門口，等她下課時，一字一句打出來的。孩子隨時都在身邊。因為我看得到她的安好，就更能無憂無慮地，盡情地工作，並堅信工作裡的熱忱總有一天被人看見，獲得了貴人賞識後，給你更多工作機會。

「成熟就是在任何時候做對的事情。」我覺得我做了對的選擇。當然我不否認自己非常地幸運。

「成熟就是在任何時候都不能表現出幼稚的行為。」辭去工作，令年邁父母擔心確實是一個幼稚的行為。但正因為我深知這一點，我無時無刻都會讓他們知道我過得很好。

「成熟就是有責任感。」剛開始起步的時候，收入並不那麼穩定，父母還試過偷偷塞錢給我，以防我入不敷出。我深知，讓父母操心是很沒有責任感的舉動。

「成熟就是在夢想跟前選擇生活。」對不起，我也沒有這麼做。相反的，我正是為了生活，而選擇了夢想——文字工作，因為它允許我在不必請假的情況下，陪父母去醫院體檢，陪老公運動，陪孩子玩耍、溫習功課。我為了生活選擇了夢想，為了責任選擇自由。

你是一個什麼形容詞？

20 年前時的我，總是急著「拆穿」人們的假面具，不斷地在人性的善惡之間「拉扯」。當時的我總是將一切責任往自己身上「扛」，「按捺」著「挫折」感，孤獨地「撐」著，為的是不想讓家人「擔」心。

只能用一個詞來形容當時的自己——「苦澀」。我苦澀於自己為何怎麼「掙扎」，都得不到滿分。

但 20 年後的自己，經歷了這麼多的不得已，「扔」的本能已住進我的血液，為自己的生命定時進行「打掃」工作。什麼煩惱、不值得留戀的朋友、通通都「拋」開，只和愛我，與我愛的人互相「扶持」。我「擁抱」自己永遠也得不到滿分的事實。

如今的我，生命的形容詞，就叫做 ——「滿足」。

夢想是個名詞，所以我很少停留在做夢的階段。我付諸於行動。

而那個動詞就叫做「幸福」。

活著是最好的死亡

蔡健雅：唱　小寒：詞　蔡健雅：曲

我不迷信日蝕的神鬼出沒，我只迷戀戀人的伸手觸控。

反正人類繞不過相同一個結果。

不如與我，不如愛我入魔。不如為我，不如陪我規則打破。

把流浪，活成追逐地平線的光。（地平線的光，血紅像刀傷）

懂了傷，活著就是最好的死亡。（越接近死亡）

把絕望，活成趁早愛你的渴望。

有你的地方 yeah 管什麼地方。

都已都已破天亮。

嗚，是妄想就妄想。

我感謝背光幸福仍有輪廓，也感謝失落不算一種淪落。

如果愛是繞不過輪迴不是因果。

不如與我，不如你我復活。不如為我，不如陪我。愛沒有錯。

把流浪，活成反映你眼底的光。（地平線的光，血紅像刀傷）

有過傷，活著才是最好的死亡。（越接近死亡）

把絕望，活成對你胸膛的渴望。

有你的地方　yeah　管什麼地方。

都已，都已破天亮。

都已破天亮。

早已破天亮。

筆記十七

關於幸福：半杯水總好過半桶水

半杯滿還是半杯空

最討厭哪個人倒了半杯水，塞到我鼻子前問：「你看到的是『半杯滿還是半杯空』？」我會把水搶過來，一口口咕嚕咕嚕喝下肚子。半杯水的人生哲理，不比「喝水對身體好」這個醫學知識來得重要。一杯很好，半杯也好。喝下肚子的好處，肯定比眼睜睜看著它蒸發來得多。

有一些人，總以為自己積了很多德，就會有福報，於是每天都等著好事降臨，總心想：能中頭彩就是幸福。但你喜歡的好事偏偏就是不來。最終他們了解到，命運永遠都不會讓你沾上一點這種甜頭。你從失望，變成了絕望，然後一轉念，發現所謂好事，就是你現在擁有的健康、家人、穩定的工作。

這種領悟，是半杯空還是半杯滿？

更有一些長得真的不怎麼樣的女生，經常會用渴望的眼神望著漂亮的女生，心想：能變美麗就是幸福，其實妳真正的幸福是有一個不在乎妳的外表的男生在痴情地愛著妳。這種幸運，是連妳羨慕的那位女生都羨慕妳的。誰不期望能有個被她內涵，而不是外表所吸引的真愛？

這是半杯空或者半杯滿？

也有一些得了亞軍的選手，總會失望地望著冠軍想：能得冠軍就是幸福。但同時，你應清楚了解到自己能榮獲亞軍，已經比那些花了一輩子都只得最後一名的選手來得幸運，值得感恩了。

這種理解，又是半杯空還是半杯滿？

大多數人所期待的幸福，未修練成功，不是你功夫不深厚，是因為你修練成功的東西不是自己最想要的。

舉一個例子。一個女生為了追求歌星夢，積極地寫歌、四處籌錢發專輯、纂寫自己的宣傳稿件、策劃自己的活動，但幾年下來，發現自己卻一直沒有紅起來。她並不是盲目到連自己五音不全都不知道。她知道自己唱得不錯，只是缺乏一點運氣。

這麼多年了，她該放棄嗎？

放棄，是悲觀主義的表現，因為她認為自己技不如人，相信自己不會有出頭的一天，繼續下去也不會有什麼展望。但同時放棄也是樂觀主義，因為她知道自己除了唱歌，還可以從事別的，自己擅長的工作，如製作助理、藝人經紀等。我就認識一些退居幕後了，事業更為成功的前歌手。他們利用在當歌手時累積的經驗和心得去替別的歌手打造演藝事業，如今可說是撈個風生水起。

同樣的，不放棄，也是樂觀主義。不放棄是一種樂觀，因為她在這麼多年的枉然，和層層窘境內，還能期待自己成名的一天；悲觀，是因為這個女生認為自己除了唱歌以外，沒有別的賴以生存的技能。

是半杯空還是半杯滿？

為什麼一定要定義呢？每一天、每一秒鐘、每一件事情都不一樣，混合在一起的變數太多。想像世界是一個巨大的戲院，我們世上每一個人從自己的座位看待螢幕上的事物，即使坐在同一排座位，角度不相同，距離也不一樣。

以我看來，半杯滿不一定就是半杯空。杯子上半部，沒有水的部分，也不見得是空的，而是充滿水氣的空氣；而杯子下半部也不見得全就是水，因為水裡也溶進了空氣。沒有絕對。

萬事是沒有絕對，這半杯水若倒進一個更小的杯子，就是滿滿的一杯，倒進更大的杯子它可能就是底部淺淺的一層。人也一樣。你可能在一個小環境中稱王，是個滿分的員工、學生。但來到一個大機構時，你才會發現自己有多不足，因為此刻你或許連半杯水的樂觀也沒有了，就只能墊底。

半滿也好，半空也好。我們在慶幸自己生命的杯子裡還有屬於自己的半杯水的當下，也該慶幸還有半杯空的空間來迎接，來裝下其他形狀的固體或其他顏色的液體。

半杯水總比半桶水好

無論杯子空或滿，半杯水總好過半桶水，因為：一、你無從知曉裝水的桶乾不乾淨，不像杯子，朝燈光的方向看去，就知道有沒有清洗過；二、如果喝水若必須先將桶舉起來，恐怕會閃到腰。

人們總稱「對某種學術一知半解就出來闖江湖的人」或「對某種學術一知半解就說得頭頭是道的人」為「半桶水」。

我不懂的，我不會裝懂，因為我學乖了。曾有一次，為了結束一段冗長的討論，我第一次不懂裝懂，把他們說的那位歌手當成別人了。縱然當時同事們都不好意思拆穿我，但他們替我感到難堪的表情已經清楚告訴我，剛剛做了一件多麼愚蠢的事情。

從此我改觀了。我不再覺得說起話來活像一本百科全書，什麼話題都能勝任的人，有什麼了不起。反而是那些仔細聆聽別人說話，無論自己身分多高貴，對方資歷多淺都不恥下問的人更值得尊重。

當然半桶水也不無好處。至少我可以用它來潑你冷水。

裝什麼好呢？

發現一件趣事，我人生不同階段認識的朋友對我愛喝的飲料的印象都不一樣。

和大學舊同學見面時，他們都會問：「咦，怎麼不喝咖啡了？」因為大學的我對咖啡的狂熱眾所周知，每天至少四杯以上。有時為了熬夜，懶得燒水，我甚至將一勺勺的即溶咖啡粉放入口中。我以為，文憑就是這麼一勺勺考出來的。

和實驗室舊同事見面時，他們都會問：「咦，怎麼不喝可樂了？」記得我因為哺乳，毅然戒掉咖啡，改喝咖啡因較低的可樂。健怡可樂上市後，我更是將可樂當水喝。當時我的產量極高，以為又是咖啡因的功勞。

和音樂公司舊同事見面時，他們都會問：「咦，怎麼不喝紅茶了？」健怡可樂喝多了，導致胃發炎，我不得不改喝茶。一向「豪邁」的我，發現紅茶有利於我寫作，每天喝一公升的紅茶。結果又出問題，腸胃受不了茶的酸性，鬧彆扭。

如今的我，改喝綠茶。半杯冰水加上半杯罐裝綠茶。既是半糖主義，也是因為現階段的我口味變淡了，不願意再讓刺激性的事物，將自己感官給矇住。我一樣能天天有所感悟、感慨和感恩。

因為人生的味道會隨人增長的年歲而變濃，時不時刺激著感官，再遲鈍的味覺也嘗得出。於是這個時候，我們對於周遭事物的要求就不必須那麼重口味了。

半杯水，還能繼續裝任何一種液體。你會選擇什麼呢

盛著，還是撐著一杯水

想在人生裡擁有滿滿的「一杯水」，並非不可能。首先你必須問自己一系列的問題：

一、這是你唯「一」想和能做的事、愛的人嗎？

二、你有踮腳伸腰爭取嗎？

三、你是在用腦，還是用心？

四、你有比別人早一點開始努力嗎？

五、你有一個別人沒有的特質嗎？

六、你願意為它／他／她吃一輩子的苦嗎？包括受傷、流言蜚語、各方面的犧牲？

七、你努力了 1 萬個小時嗎？

八、你有睜開眼看看自己，看看周圍嗎？

九、你願意接受絕望，放棄希望嗎？

十、你若放棄了，會後悔嗎？

半杯水的好處

半杯水的好處是，你怎麼移動，水都很難濺出來。

如果你人生的杯子滿了，你大概就不敢偏離現在的處境太多。因為你會害怕走動時，你生命中，疊得高高的那些擁有，都會因為你搖晃太多，而溢位來，都被浪費掉了。

杯子裝得太滿的人，考的，不外乎就是平衡感了嗎？

平衡感

A-Lin：唱　小寒：詞　A-Lin：曲

幸福有如走鋼索。

手捧起夢想和生活。

短暫停泊都會墜落。

我墜落時誰接住我。

平衡感兩端，愛情能對抗不安。

平衡感，再難我會勇敢。

幸福往右或向左。

雙腳踩空什麼後果。

越是斟酌，我越軟弱。

為何你不擁抱我。

平衡感，兩端都是懸崖般遺憾。

平衡感，用完該怎麼辦。

眼前路還很暗，得要維持樂觀。

筆記十八

關於自己：當你找到「一」的時候

不滿分的幸福也滿足

我生命的前半部分都非常努力地活著，更或者說，太努力地活著，極力想成為滿分學生、滿分科學家、滿分文字工作者、滿分女兒、滿分太太、滿分媽媽、滿分老師。

一直到我了解，我本來就不是滿分女生。先天條件不如他人，我再怎麼用力也達不到同樣的高度。那，就不盡力嗎？當然不是，只是在使勁跟別人競爭時，也別忘了反省一下，這是不是你想競爭的專案？更或者你有別的選項可以考慮。你的表現滿分不滿分，其實是別人鑑定的。重要的是，你給自己打幾分？

不滿分的幸福也是能滿足的。

不是加「一」撇，是加「一」點

我們都以為，「我」就是等於「找」到那「一」撇。那一撇，可能是一個人，也可能是一個夢想。於是我們永遠都在追求那個還不存在自己生命的「一」，心想：找到了，就滿分了，找到了「我」就圓滿了。也因為如此，我們總是只看到自己的不足，自己的匱乏，生命裡的那個缺。

但也有人說，我們要的不多，不算太貪婪啊，因為要找的，不是多一撇，而是多「一點」呀。「一點」，比「一撇」小很多很多。

可惜我們都認爲，「增加」比「參加」重要

我們牙牙學語的時候，或許都能希望自己多走一點、爸爸再背久一點、媽媽在床邊多陪自己多一點。

上幼稚園之後，自己不需要爸媽陪了，我們又希望能再看多一點卡通、溜滑梯的時間久一點，霜淇淋能多吃一點。

上了小學，當我們在學校吃多少霜淇淋都沒有人知道的時候，我們又希望能晚睡多一點、假期長一點、考試分數能再高一點。

在中學與踏入社會之間的日子裡，在有假期等於沒假期、考試分數已經無法強求時，我們在乎的是自己能否討得受歡迎的朋友多一點的歡心，自己是否能漂亮一點、零用錢能否多一點。

我們開始為自己社交平臺上的貼文「讚」比上一個多了一點而開心，為自己比朋友多了一點追求者的簡訊而自豪，為是否能找到更好一點的工作而著急。

等到我們經濟獨立的時候，又希望能多買好一點的車子、好一點的房子、好一點的名牌服飾。

到了適婚年齡，我們都希望自己的對象好看一點、身高多一點、身家雄厚一點。

結婚了希望伴侶對自己體貼一點、做家務時主動一點、甜蜜浪漫一點。

一直到當了爸媽的時候，又希望寶寶能早一點學走路、寶寶晚上能早睡一點、自己早上能睡遲一點。

然後我們就祈禱孩子考試分數能再高一點、聽話一點……

一點一點就能連成線。到最後，我們的命運線怎麼延伸，都被一點一點地主宰了。這種人生，無論是否和我們原本預測的相同，喜怒哀樂之中，我們還不都一路走來？失去，或者得不到的感受，也是一種參與、一種收穫。

只可惜我們人類啊，總是看到「增加」的價值，而忽略了自己曾經「參加」的可貴。

「乘」虛而入

聰明人都知道，按部就班，過關斬將，一點一點地「加」，是不會致富或成功的。就像你走路回家，單靠雙腿得要花很長時間才能抵達，「乘」車就不一樣了，可以省下許多精力。

因為「乘」比「加」來得更厲害，在算術中，一個數目在「乘」上另一個數字後，會變大好幾倍。加倍，我們何嘗不希望人生正是如此？「乘」就是「藉助」的意思。

譬如，一個屢次破門行竊不遂的小偷要不是碰上大火，大家敞開大門逃命，為他製造了一個機會，小偷大概永遠也無法突破高聳的圍牆。這就叫「乘火打劫」。他藉助了大火製造的現象，才能混進屋裡。

譬如，一個平日辦事做事認真的員工再怎麼埋頭苦幹，都很難有出頭之日，除非，他遇上了對的時機，懂得「乘機」展現自己的才華，才可能受到賞識。出頭了，他也必須「乘勝追擊」才能繼續平步青雲下去。

我們從懵懂的小孩，被教育成到了一個懂得「乘虛而入」的大人，了解到要讓自己的成就、財產翻倍，就必須藉助於朋友的優點、敵人的缺陷和讓自己「有機可乘」的局勢。

「乘」就能翻倍，可惜的是，我們就都只專注於在生命、生活裡能助我們一臂之力的機會、和能供自己利用的人事物出現，好讓自己能投機取巧。漸漸地，我們都忘了腳踏實地，一步一腳印的感覺是什麼。

揀重要的，「減」不重要的

我們每經歷一個階段，就會將之前所辛苦得到的都不當成一回事，彷彿你只是一路收集蘋果的小孩。

一開始的時候，你會因為自己夠得到果樹的樹枝，採得到蘋果而無比興奮。那一刻你決定了，能摘多少就一定要摘多少。

可是採著採著，你沒有發現自己已經收集了一籃子，卻不曾多看幾眼，更別說是每一顆都細細品嘗過。我們只在乎摘不到的那棵，把那種感覺取名為「遺憾」，忽視自己的籃子已經重得快搬不動了。

這時，你籃子裡蘋果已經太多了，太重了，你提著提著，有些累了，卻又被前面山丘上站著一整排長滿了蘋果的果樹誘惑著。你要那些果子，因為它們更大更紅。於是你咬緊牙關，逼自己務必要提著籃子要往前行。

加油。你跟自己說。

可是，你渴了、餓了，腳步也慢得快停了。為了樹上那一顆看似很多汁可口的蘋果，你伸出痠痛不已的胳臂，卻不慎一滑，傾斜了裝滿果子的籃子，裡面蘋果一顆顆地滾下山坡，撿不回來了。

突然間，籃子輕了許多，你也終於有機會看清楚最原先採的果子的模樣，有一些其實比山丘樹上的還大，還熟。

反正走不動了，你索性坐下來休息，開始啃著蘋果，人不渴了，肚子也填飽了。你不想再吃蘋果了，卻還想爬上山丘上看看風景。你望了望籃子裡的許多蘋果，心想：就把那些不想要的扔了吧。

於是你一路爬，一路扔，扔到最後，連籃子也可以不要了。

終於抵達山頂時，你手裡就只留了一個有資格陪你看夕陽的蘋果。

然後你才發現，要不是路上那一整籃蘋果拖累，拖慢你的腳步，你早就已經上來這裡，看了不知道多久的風景了。

我們都在生活裡重視「減糖」、「減油」、「減壓」，卻忘了，對生活裡的擁有，應該「減重」。

「除」了

當你已經感覺豐富的物質享受不再給你帶來愉悅的一刻，你除了可以開始停止增「加」或「減」少添置新的東西，也可以開始「除」掉那些許久沒用著的事物與人物。

想像你就快要被送上一個小島。為了不讓小船超載，船長只允許你保留身上穿著的衣服，腳上的鞋，你只許帶一把刀、一把火柴。你因此必須開始清理口袋，「除」去在小島上用不上的東西。

「除」得掉的，都是多餘的。剩下最基本的幾樣，足夠我們愉快的生活，這叫極簡主義。

不得不信「鞋」

我們女生，總是覺得自己需要很多功能不同的鞋子。運動時穿的、上班時穿的、休閒時穿的、旅行時穿的；然後在每一個功能類別中，我們需要有鞋跟的、平底的；在平底的類型中，我們又需要皮製的和帆布的；在皮製的類型中，我們又需要不同顏色和剪裁的。

結果，我們的櫃子塞滿了一雙又一雙一年才穿一次的名牌鞋子。空間不夠事小，問題是當你終於買到一件件可以配搭那些鞋子的洋裝時，鞋子要不是早已發霉，不然就是鞋跟掉了，拿去修覺得浪費，拿去扔又覺得可惜。

算一算，這幾十年單單為旅行購買鞋子的錢，其實就足夠到歐洲玩一圈。如今不僅沒去成，連旅遊的鞋子也沒有了。

我跟鞋子無仇，也經歷一段拚命收集鞋子的歲月。我也收集成就、收集朋友。但跟鞋子一樣，隨著時間，有些人事物會漸漸被淡忘，等到被想起時，要不是已損壞，或者已經不合身了。

人只有一雙腳，而那一雙因為想著明天要穿，從不被你收起，能夠陪你走完一段重要旅程的鞋子，就是你一輩子最需要的鞋子。

對於物質生活，我們無需過度消費，對於人際關係，我們也無需過度消遣。

「心」

我自認一向做事頗為用心。但近期「勞心」過度的我，不禁反問：我真的懂得「用心」嗎？

可能是因為我這個人太有「信心」，也太「貪心」了，事業家庭都想兼顧，結果把自己給累壞了。這幾年，我幾乎完全失去了跟自己相處的機會，更別說是外出和朋友「談心」、「散心」了。

這幾年除了要給自己多一點「私心」，我也該試著對孩子「放心」，騰出多一些「耐心」和「孝心」來「關心」自己年邁的父母，也讓他們「安心」，當個「貼心」的孩子。

我性格阿Q勵志，知足感恩，因此大部分時間是「開心」的。然而天天為柴米油鹽醬醋茶「操心」的我，已有多久沒「動心」了？從前拍的照片、寫的詩句擠滿了家中櫥櫃。近年的卻是少之又少。是因為風景不如從前綺麗了，還是因為少外出，風景不動，心也就跟著不動了？

或許是因為自小就對人沒什麼「戒心」，容易對「居心」不良的人「掏心」，下場就只有「傷心」。結了痂的傷口還疼，誰還敢「剖心」？於是，我更要學著從「小心」更新到「偏心」。「真心」話只留給愛的人。

「偏心」和藏有「私心」是不好。但心本來就傾一邊，對值得的人偏心是自然現象。心也是血肉做的，不像其他器官有骨架保護，因此要學在適當時候，將心門關小一點，保留一點私密。

每年都提醒自己：「今年我要更懂得如何有效地使用自己的心——用心。」

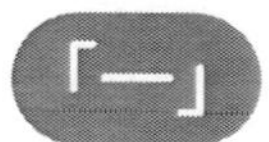

幸好，我早已認定就不是滿分女生。我會爭取，但我不爭奪，不必像一些人花一輩子，極力想在自己選擇的領域得到「滿分」，往往為得不到

的唯「一」惆悵，或為失去的專「一」而緊張。我不像大家都在你擠我推，想得第「一」。

當我們單純視「一」為數字，而不是排名時，我們會快樂一些。當我們單純視「一」為原點，而不是起點時，我們會快樂很多。

我們一生都在「加」和「乘」、「減」和「除」。年輕時，我們都應該極力爭取自己再好一點，生活再好一點。

但漸漸地，當我們終於領悟到自己擁有的已經滿溢，不再想著增「加」時；當我們理解到原來「乘」虛而入是一件撿現成、占人便宜的事情；當我們厭倦當物質的奴隸，或者萌生「減」重：減去生活重量的念頭；當我們積極去「除」自己不需要的人事物時，我們就自由了。

人，就只有自己一個，人生就只有一輩子，需要的人事物，真的「一」套就夠了：一個與你相愛的人、一個你愛的家庭、一間安全的小房子、一輛騎得動的小腳踏車、一份你熱愛的職業、一個給你愉悅的興趣、一碗湯麵、一杯淨水、一個初衷。

這時，你走在購物商場裡，將一無所求；你走在街上，每一口新鮮氧氣，每一朵盛開花朵都會令你微笑。

當你已找到你想要的「一」時，你已幸福；要是你已找回你所需的「一」的時，你已找回自「我」，你已完整。

慢陀螺

安心亞：唱　小寒：詞　鍾婉芸：曲

同期相比，今年我更有勇氣。

能夠談你，和關於你的話題。

我在這裡，並不是振作得有點消極。

而是努力，與自己和解做起。

還是會軟弱，但有天自轉陀螺。

必須先倒落，才可能開始生活。

慢慢地，我會有遼闊。

痛不徹底，就無法完全痊癒。

繼續愛你，直到我接受分離。

怎麼可以，從相愛到今後與你為敵。

那些美麗，全都有你的參與。

如果想你，是療程必要程序。

那就想你，沒必要情緒遷移。

想做自己，得從淚光和失去裡練習。

再多可惜，也不過失戀而已。

結語

請不要對我說，哇！這本書真是滿滿的正能量耶，我會感覺你是在嘲諷我。

因為，滿滿正能量的人會說是：「我就是世界上最美麗的女人！」

可我會說：「我眼睛又沒瞎，看鏡子就知道我不是世界上最美麗的女人。但那又怎樣？與其費盡心思想打扮，外觀仍不能改善多少，還不如把時間花在經營自己最擅長的事情上，如躲在幕後寫詞、寫故事。沒有人看得見素顏的我，多逍遙。」滿滿正能量的人會說是：「我擁有全世界上最浪漫的愛情！」

而我會說：「呃，別人眼睛也沒瞎，看樣子就知道我的老公是個在製造氣氛這方面笨拙得不行的人。與其費盡心思想去改變他，還不如把浪漫的責任交給自己，或乾脆在我自己的故事裡、歌詞裡浪漫就行了。」

滿滿正能量的人會說是：「我生了全世界上最優秀的孩子！」

我會說：「呃，你自己眼睛瞎就行了，別以為別人跟你一樣。看分數就知道我們家女兒頂多是個 80 分學生。與其費盡心思想給她補習，為了進名校擠破頭，還不如因材施教，找出她最擅長的事，好好培養，讓她的人生大不同。」

滿滿正能量的人會說是：「我擁有全世界上最好的工作！」

我會問：「真的嗎？你是真的瞎了。每一份工作都有它的辛苦和掙扎，我能透過自己的興趣賺錢，應該算是很幸福了，但還不是不時會感覺到挫敗、氣餒和自卑，懷疑這份工作是否真的適合我，懷疑自己是否應該回到科學研究職位上？」

正能量不是不好。它像是醫生讓患有疑心病的患者服用的以糖果製成的安慰劑。病患在服用這些沒有實際藥性的偽藥之後病情會明顯好轉。那是因為安慰劑可以讓我們暫時不去面對那些煩惱的事。

可是當鴕鳥把頭埋在沙子裡太久，雙眼習慣了被黑暗朦蔽的感覺，人也就不再想把頭抽出來，投入刺眼的陽光裡。可是緊閉著眼，要如何走下去呢？我們可以選擇繼續自欺欺人，一直堅信自己擁有著滿分，也可以強迫睜開雙眼，看看自己渺小的影子，自己的不足。

睜開雙眼了之後可以做兩件事。

一、取長補短、將花在擅長的地方的時間用在將不夠好的技能加以改善，因為勤能補拙，才能不斷地朝滿分走去。沒錯這是很勵志，所以我也要說，有時生命有限，我們如何在嘗試了 1 萬個小時之後，還依然沒有長進的話，我們是否應該重新檢討方針？

音痴當不了歌手，但你大可選擇你更擅長的樂器演奏，選擇揚長避短，把時間省下來做自己擅長的事，也一樣能創出一片天。

所以二、承認自己不如人，並不是一種負能量，而是一種對現實的反思。與其當一個等著餓死的滿分公主，不如做一個滿院子都是自己親手栽種的果子的不滿分女生。

我這本書的理論，未必每個人都適用。因為人生就像一件衣服，有不同的尺度，不同的長度，人有不同的高度，穿上去有不同的態度，好不好要看不同的角度。但只要你的心，有足夠的寬度，手，有足夠的溫度，人，有足夠的風度，不滿分女生，最幸福。所以記得慶祝，也記得要微笑。

記得要微笑

蕭亞軒：唱　小寒：詞

Carter / Paul James / Franzel / Jeffrey B：曲

風多溫和，你捂住我的左耳。

喊愛我，天好藍色。

你說銀河，人只是漂流者。

走的走，而我選擇。

等你，用盡四萬七十公里的勇氣。

穿越幾十億人口相逢機率。

失去通訊前記得，要微笑，要微笑。

去燃燒，這心跳，去擁抱，這奧妙。

失去通訊前記得，要微笑，要微笑。

不繞道，這通道，有開啟的一秒。

我會收到，你給的訊號，幸福的訊號。

你在我前額，種下你的多不捨。

愛我，心很灼熱。

我就很快樂，不去管誰認可。

兩人就算會走散，緣分替換會很慢。

有時真的傷感，但你的愛不歸還。

我會過得很好，我會微笑。

你能看到多好。

銘謝

家人，你們是我畢生的愛。

還有玲子傳媒全體，你們是我的英雄。

謝謝 Funkie Monkies 和華納版權，我的避風港。

也謝謝：賤紅、思齊、淳佳、Jessika、Cyn、佩、Mei、恬敏、WT 和歆沂，妳們是所有女生的榜樣。

銘謝

小寒酸語錄

用生活的酸醋，來提高你幸福的甜度。

1. 鏡子是誠實的，但看著它時，你對自己的評價也會跟著被「左右」。
2. 歲月如風，吹襲著每個人。因此本來很正的正妹，也有可能正著正著就歪了。
3. 時間是一把免費的刻刀，你不用飛到韓國，它就會隨著你的表情自然為你進行削骨。
4. 一件事情往往是立體的，有正、負面。換個角度瞧瞧，就算看不出個什麼意義，也說不定能看出個什麼異議。
5. 不是所有的人魚都是公主。人魚王國還是有階級制度的，有公主也有婢女。公主是少數，憑機率計算，我們很有可能只是婢女。
6. 患有公主病的女生談起戀愛，就像在玩撲克牌一樣。有些明明手上握著一副好牌，卻沒有勇氣下注；有些手握爛牌卻還假裝自己是贏家，結果輸個徹底；有些則還不知道自己的牌怎麼樣，牌局就草草結束。
7. 人生就是一副撲克牌，除了國王、王后、王子，沒有妳這位公主，也沒有所謂王子，只有一堆數字，還有侍從和小丑。
8. 自愛不是自戀，別混淆了。
9. 只要堅持今天的版本比昨天的快樂一點，明天的你比今天的好一些，這就是自愛。

10. 社交圈是一條橡皮筋（塑膠圈），可用力擴大，然後撐得很痛、很辛苦，很可能會斷掉，或反彈回來傷到自己。
11. 社交是社交，交涉了就等於勉強了，沒意思了。
12. 失去愛情叫「失戀」，失去友情叫「失 ——」？「失望」、「失敗」、「失控」都不足以代表那份心碎的分量。
13. 城市建築與交通，一般都是以一對對平行線，和 90 度直角規劃的。因此，大多數的城市人為了適應，因而變得正正規規的，像個正方形。融不進去，就是「格格不入」的意思。
14. 脂肪的好處是「能屈能伸」，只要有一個縫隙讓你鑽進去，你大可以選擇吸一大口氣，把肚子縮回去，再細的縫也絕對擠得進去。
15. 熱臉貼冷屁股就別怪只聽到屁。
16. 舌頭是一個蛇頭。
17. 忠心的人才會衷心地把重心放在你身上。
18. 友誼，是對你有意，還是對他們有益？
19. 明明自己就比人家優秀得多，卻還故意為了配合別人的低智商，而故意壓低自己的等級。因為在你眼裡，優秀沒有用，受歡迎才是王道。
20. 真正的融入就是你凸我凹。
21. 「有情」有義才應該是「友情」的定義。
22. 先別得意，校花也可能變笑話。
23. 考 80 分的小孩，說不定還比得了 99 分的還快樂。
24. 人生成不成功就看你日後的學習心態、對人的儀態、處事形態，還有人生的姿態。

25. 「考試」——「考慮試試」。

26. 校園是父母在忙著為下一餐奮鬥時，能寄放孩子的最安全場所。

27. 學校，是一個能讓兒童預見成人世界的迷你社會，讓他們在受保護，還有每年擁有 12 個星期的年假的情況下，為將來踏入成人世界這件事排練。

28. 讀書是為了將孩子訓練成一個赤手空拳也能生存的戰士。

29. 書中不一定有黃金屋，也有「汙」，市面上不負責任的爛書很多。

30. 安慰為什麼要頒獎？

31. 異性吸引力，真的只不過是一種從對方腋窩的毛孔和汗腺分泌出來的化學分子，鑽進你的鼻子後擾亂你的大腦。

32. 愛可以「隨」機應「變」，不能隨便。

33. 曖昧不讀暖味。

34. 人生苦短，偏要拖拖拉拉，那不叫考驗，那叫討厭！

35. 像你如此貌美如花，被眾人捧在手心的小公主，什麼時候才能等到王子來？好，那你就慢慢等著那隻青蛙從爬蟲類進化成人類吧。

36. 與其嫁一個手無縛雞之力的現成王子，還不如與一個平民一起打造江山，然後挺直背，昂首與他一起當國王王后。

37. 直腸子，少點屎。

38. 擠進「0」號的衣服，如何是「100」分？

39. 智障：「智」能手機出現故「障」礙。

40. 賈伯斯讓人們把地球握在掌心，祖克伯則把人的距離拉近，然而世界因為他們變大了。

41. 發育期和戀愛一樣，也是體內一場化學煙火表演，有時很難控制。
42. 事後諸葛亮是最神的。
43. 有些人生來就得一把矮板凳。
44. 安分就安全了，就有安全感了嗎？逆來，就順受嗎？
45. 絕望比希望更有正能量。
46. 這輩子沒資格當個供人欣賞的花瓶，但當個墨水瓶不是更好嗎，至少能留下痕跡。
47. 報仇在完成不可能任務之後，不再抱任何的愁。
48. 「提拔」就是將你從窘境中「拔」出來，「提」醒你回到最初想去的地方，替你省下時間和力氣，也幫助你逃離厄運的舉動。
49. 「成功」的反義詞應該是「沒成功」，不是「失敗」。
50. 照亮前方的手電筒，身旁的人依然處在黑暗中。
51. 休息不是為了走更長的路，而是為了策劃如何更快地抵達目的地。
52. 標緻不如「標誌」。
53. 「前人種樹，後人乘涼」，前人種樹留給後人的，究竟是陰涼還是陰影？
54. 用心、用功都是騙人的，因為我們辦事時，是在用腦。
55. 頭上有光環的不一定是天使，也可能是修電燈的。
56. 拉你下地獄的不一定是魔鬼，也可能只是地心引力。
57. 沒有被傷害過的人，怎會懂得傷害另一個人的手段？
58. 刺蝟背上長刺，雖然秉著自衛之名，但難說牠們不會傷害別人。
59. 暗箭難防。如果箭尾都是羽毛做的，那常被人暗算的我，背後的羽毛簡直多得可以讓我當翅膀飛起來，變天使了。

60. 眼淚是從生鏽的鐵甲縫隙間流出來的透明的血液。

61. 承認自己是弱者，才是強者的風範。

62. 哭，是人類之間的第一種溝通方式。你看嬰兒？

63. 弱者，也可能是計謀者。

64. 「一」字後頭的這個字，不一定是量詞。「半」不是量詞。

65. 戀愛中，和失戀後的人，量詞都是一個，不是一半。

66. 單身是自己選擇，不是因為選不上或沒被選上。

67. 愛情失敗，有時是因為我們更愛自己。

68. 單身的人也約會，只是對象是自己，或者……手機。

69. 捨不得的是他，還是繼續製造回憶的可能？

70. 成功不是因為失敗，而是努力和運氣。所以失敗不是成功之母，但絕對是最好的老師。

71. 對，並不是因為前面做的都錯。

72. 醜小鴨是丹麥版的禽獸灰姑娘。

73. 別幻想在愛情裡做滿身是灰的女孩。妳老是坐在爐子邊等待神仙教母幫忙改善妳的外觀，全身髒兮兮的，活像個掃煙囪的，王子哪分得出妳是男還是女的？也好歹去洗個澡，把汙垢洗乾淨，臉蛋才露得出來呀。

74. 夢想是名詞，想幸福就必須將它轉化成動詞，想得到什麼就自己用行動去爭取。

75. 婚姻裡，醜小鴨當然要變天鵝，因為天鵝從始至終，一輩子隻堅持一個配偶。

76. 除了能隨著溫度改變形態，水也會隨著裝滿它的容器變換形狀，正如女人在再奇異的環境中都能表現超然適應能力一樣。可是水的威力不僅如此，水是世上能溶解最多物質的溶劑。正如我所認識的一些女人，她們展現出來的包容性，超乎常人所能理解的範圍。
77. 愛情的最美好就是對方能在我們人類壽命有限的時間裡，給我一個永遠。
78. 沒有危機感，小鳥就不會本能性地張開翅膀防止自己死亡。
79. 在的媽媽，才可能做好的媽媽。
80. 不讓自己消失於一個無名無姓，叫做「媽媽」的族群，才能成為好媽媽。
81. 嘴巴沒有刪除鍵，人生沒有重啟鍵。
82. 提手旁的人生才重要。
83. 說話一點也不省力氣，需要用到身體很多部位。
84. 路是人走出來的，但這過程中我們犧牲了多少不起眼，不能申冤的小草？
85. 最快的速度指的不是捷徑，而是如何在沒驚沒險的情況下，走完本來就應該要走的路。
86. 幸福沒有捷徑，還好有捷運。
87. 不能自如地從原地離開的植物能為了光移動身體，那麼我們這些「動物」又有什麼藉口呢？
88. 人的價值不在於你做過的，而是你能做的。
89. 成熟：還在對成長這件事熟悉。
90. 活著是最好的死亡。

91. 放棄，是悲觀主義，因為你相信自己能力就到此，繼續下去也不會有什麼展望。放棄也是樂觀主義，因為你知道自己還可以從事別的擅長的工作。同樣的，不放棄，是一種樂觀，因為你在這麼多年的枉然和層層窘境內，還能期待自己成功的一天；悲觀，是因為你認為除了這個夢想以外，再也沒有別的賴以生存的技能。

92. 想像世界是一個巨大的戲院，我們世上每一個人從自己的座位看待螢幕上的事物，即使坐在同一排座位，角度不相同，距離也不一樣。

93. 半杯滿不一定就是半杯空。杯子上半部，沒有水的部分，也不見得是空的，而是充滿水氣的空氣；而杯子下半部也不見得全就是水，因為水裡也溶進了空氣。沒有絕對。

94. 半杯水勝過半桶水，你見過人用桶喝水的嗎？

95. 別再讓刺激性的事物，將自己感官給矇住，也一樣能天天有所感悟、感慨和感恩。

96. 半杯水的好處是，你怎麼移動，水都很難噴出來。

97. 可惜我們都認為，「增加」比「參加」重要。

98. 揀重要的，「減」不重要的。

99. 我們都在生活裡重視「減糖」、「減油」、「減壓」，卻忘了，對生活裡的擁有，應該「減重」。

100. 正能量像是醫生在患有疑心病的患者服用的以糖果製成的安慰劑。病患在服用這些沒有實際藥性的偽藥之後病情會明顯好轉。那是因為安慰劑可以讓我們暫時不去面對那些煩惱的事。

幸好我不是滿分女生：

想做自己，得從淚光和失去裡練習

作　　者：小寒
發 行 人：黃振庭
出 版 者：沐燁文化事業有限公司
發 行 者：沐燁文化事業有限公司
E-mail：sonbookservice@gmail.com
粉 絲 頁：https://www.facebook.com/sonbookss/
網　　址：https://sonbook.net/
地　　址：台北市中正區重慶南路一段 61 號 8 樓
8F., No.61, Sec. 1, Chongqing S. Rd., Zhongzheng Dist., Taipei City 100, Taiwan

電　　話：(02)2370-3310
傳　　真：(02)2388-1990
印　　刷：京峯數位服務有限公司
律師顧問：廣華律師事務所 張珮琦律師

版權聲明

本書版權為新加坡玲子傳媒所有授權崧博出版事業有限公司獨家發行電子書及紙本書。若有其他相關權利及授權需求請與本公司聯繫。

未經書面許可，不得複製、發行。

定　　價：375 元
發行日期：2024 年 06 月第一版
◎本書以 POD 印製
Design Assets from Freepik.com

國家圖書館出版品預行編目資料

幸好我不是滿分女生：想做自己，得從淚光和失去裡練習 / 小寒 著 . -- 第一版 . -- 臺北市：沐燁文化事業有限公司 , 2024.06
面；　公分
POD 版
ISBN 978-626-7372-68-5(平裝)
1.CST: 人生哲學
191.9　113008120

電子書購買

爽讀 APP

臉書